山东省政务公开发展水平研究报告
（2018）

李　刚　李　旺　戚元华　周鸣乐
著

中国社会科学出版社

图书在版编目(CIP)数据

山东省政务公开发展水平研究报告.2018 / 李刚等著.—北京:中国社会科学出版社,2019.8

(地方智库报告)

ISBN 978 – 7 – 5203 – 4631 – 3

Ⅰ.①山… Ⅱ.①李… Ⅲ.①地方政府—行政管理—研究报告—山东—2018 Ⅳ.①D625.52

中国版本图书馆 CIP 数据核字(2019)第 125018 号

出 版 人	赵剑英
责任编辑	马 明 孙瑶馨
责任校对	任晓晓
责任印制	王 超

出 版	中国社会科学出版社
社 址	北京鼓楼西大街甲 158 号
邮 编	100720
网 址	http://www.csspw.cn
发 行 部	010 – 84083685
门 市 部	010 – 84029450
经 销	新华书店及其他书店
印 刷	北京君升印刷有限公司
装 订	廊坊市广阳区广增装订厂
版 次	2019 年 8 月第 1 版
印 次	2019 年 8 月第 1 次印刷
开 本	787×1092 1/16
印 张	10.5
字 数	93 千字
定 价	49.00 元

凡购买中国社会科学出版社图书,如有质量问题请与本社营销中心联系调换

电话:010 – 84083683

版权所有 侵权必究

项目组负责人：

  李 刚 齐鲁工业大学（山东省科学院）山东省计算中心（国家超级计算济南中心）研究员、战略发展部主任

  李 旺 齐鲁工业大学（山东省科学院）山东省计算中心（国家超级计算济南中心）工程师

  戚元华 齐鲁工业大学（山东省科学院）山东省计算中心（国家超级计算济南中心）工程师

  周鸣乐 齐鲁工业大学（山东省科学院）山东省计算中心（国家超级计算济南中心）高级工程师、战略发展部副主任

项目组成员：（按姓氏汉字笔画为序）

  丁西凯 王 玮 王 昊 王小斐 王春景
  田德允 冯正乾 刘 波 刘一鸣 李 敏
  李玉梅 贺 宇 高 鹏 解宏泽 蔡梦云

前　　言

政务公开是现代政府的一项重要制度安排，是新时代党中央、国务院提升国家治理能力，发展社会主义民主政治，保障人民群众知情权、参与权、表达权和监督权的重要决策部署。山东省委、省政府高度重视政务公开工作，把政务公开作为推进依法治省的重要举措，将其纳入全省改革发展大局统筹考虑，并在全省各市经济社会发展综合考核和省直部门绩效考核中不断加大分值权重。2018年山东省政务公开工作坚持统筹兼顾、突出重点，大力推进决策、执行、管理、服务、结果公开，不断提升政务公开的质量和实效，全省政务公开水平迈上了新台阶。山东省计算中心（国家超级计算济南中心）政务公开评估工作组（以下简称"评估工作组"）于2015年首次开展全省政务公开第三方评估工作，2018年是连续第4年开展。

为深入贯彻党的十九大和十九届二中、三中全会精神，认真落实《关于全面推进政务公开工作的意见》（中办发〔2016〕8号）和《2018年政务公开工作要点》（国办发〔2018〕23号）部署，进一步推进山东省政务公开工作，提升政府工作透明度，评估工作组对全省政府各部门、17市政府（包括原莱芜市政府）和137家县（市、区）政府2018年的政务公开工作进行了评估，并针对当前存在的问题，提出了改进建议。

摘要： 为进一步推进政务公开工作，提升政府工作透明度，围绕行政权力运行公开、重点领域信息公开、依申请公开、政策解读与回应关切、政务公开保障机制五个方面，本报告对2018年机构改革前的38家山东省政府部门，17市政府（包括原莱芜市政府）和137家县（市、区）政府的政务公开工作进行了评估，分析了全省政务公开工作进展情况，并针对当前存在的问题提出了改进建议。评估发现，全省政务公开工作由"试点带动"向"整体推进"转变，各级政府更加注重顶层设计，分类指导成效显著，重点领域信息公开有序深化、持续推进，依申请公开渠道基本畅通、答复及时，政策解读工作逐步受到重视，公开平台集约化建设成效初显。但同时也存在着一些问题，如主动公开目录有待梳理，公众参与决策程度有待提高，部分重点领域信息公开缺乏系统性，依申请公开答复规范性仍有待提升，政策解读力度需进一步加大，基础平台建设亟须规范整合等。下一步要转变思想观念、理顺政务公开体制机制建设，推进决策公开、增强公众参与的针对性和有效性，统一公开目录、探索政务公开新形式新渠道，扩大解读范围、政策落地的"最后一公里"，推广试点成果、带动全省政务公开整体提升，加强日常监测、优化政务公开考核评估机制。

关键词： 政务公开；法治政府；山东省；第三方评估

目　　录

第一章　评估工作与评估指标 …………………… （1）
　一　评估工作 ………………………………… （1）
　　（一）评估依据 …………………………… （1）
　　（二）评估对象 …………………………… （4）
　　（三）评估原则 …………………………… （4）
　　（四）评估方法 …………………………… （5）
　二　评估指标 ………………………………… （8）
　　（一）设计思路 …………………………… （8）
　　（二）指标体系 …………………………… （10）
　　（三）计分方法 …………………………… （11）

第二章　总体评估结果与分析 …………………… （13）
　一　总体评估结果 …………………………… （13）
　　（一）省政府部门 ………………………… （13）
　　（二）市级政府 …………………………… （15）

（三）县级政府 …………………………………（19）
　二　总体评估结果分析 …………………………………（24）
　　（一）政务公开整体特点 …………………………（24）
　　（二）存在的主要问题 ……………………………（27）

第三章　各指标评估结果分析 …………………………（33）
　一　行政权力运行公开 …………………………………（33）
　　（一）决策公开 ……………………………………（33）
　　（二）执行和落实情况公开 ………………………（38）
　二　重点领域信息公开 …………………………………（40）
　　（一）"放管服"改革 ……………………………（41）
　　（二）财政信息 ……………………………………（46）
　　（三）重大建设项目批准和实施领域 ……（49）
　　（四）公共资源配置领域 …………………………（51）
　　（五）社会公益事业建设领域 ……………………（54）
　　（六）公共监管信息 ………………………………（60）
　三　依申请公开 …………………………………………（62）
　　（一）渠道畅通性 …………………………………（63）
　　（二）依法答复 ……………………………………（65）
　四　政策解读与回应关切 ………………………………（68）
　　（一）政策解读 ……………………………………（68）
　　（二）回应关切 ……………………………………（72）

五　政务公开保障机制 …………………………………（73）
　　（一）平台建设 ……………………………………（74）
　　（二）基础建设 ……………………………………（78）
　　（三）组织管理 ……………………………………（81）

第四章　政务公开工作创新案例 …………………………（84）

一　统筹协同推进类创新案例 ………………………………（84）
　　（一）省财政厅设立预决算公开平台，
　　　　　提升财政透明度 ……………………………（84）
　　（二）省自然资源厅建立完善征地信息
　　　　　公开平台，协调推进全省征地
　　　　　信息公开 ………………………………………（86）
　　（三）枣庄市薛城区建立"全员办政务公开"
　　　　　工作协调推进机制 ……………………………（87）

二　以公开促落实类创新案例 ………………………………（89）
　　（一）潍坊市设置专题专栏集中公开国家、
　　　　　省重大决策部署执行落实情况 ……（89）
　　（二）滨州市举办"政务公开面对面"
　　　　　政府开放日活动 ……………………………（91）
　　（三）青岛市继续深化"三民"活动和
　　　　　网络在线问政 …………………………………（93）

三 以公开促规范类创新案例 …………………（94）
 （一）烟台市政府出台《政府信息主动
   公开基本目录》 …………………（94）
 （二）德州市政府统一市县两级政府网站
   公开平台 …………………………（96）
 （三）滨州市构建市县统一平台，大力
   推进重大建设项目信息公开 ………（97）
 （四）临沂市优化政府网站建设，创新
   政策解读方式 ……………………（99）
 （五）省教育厅发布主动公开
   基本目录 …………………………（101）

四 以公开促服务类创新案例 ………………（103）
 （一）潍坊市引入政策解读语音播报功能，
   实现解读材料无障碍浏览 ………（103）
 （二）威海市充分利用网络融媒体开展
   政民互动交流 ……………………（104）
 （三）日照市以公开助推营商环境
   优化 ………………………………（106）
 （四）潍坊市坊子区围绕群众需求全方位
   提升政务公开体验 ………………（109）
 （五）济南市历下区以"场景式"服务
   模式推动政务公开创新发展 ……（111）

第五章　深化政务公开工作的建议 …………… (115)

　　一　转变思想观念，理顺政务公开体制机制建设 ………… (115)

　　二　推进决策公开，增强公众参与针对性有效性 ………… (116)

　　三　统一公开目录，探索政务公开新形式新渠道 ………… (117)

　　四　扩大解读范围，打通政策落地的"最后一公里" …………… (118)

　　五　推广试点成果，带动全省政务公开整体提升 ………… (119)

　　六　加强日常监测，优化政务公开考核评估机制 ………… (120)

附录一　山东省政务公开发展水平研究报告（2018）评估对象 ……………… (122)

附录二　山东省政务公开发展水平研究报告（2018）指标体系 ……………… (132)

参考文献 ………… (152)

后记 ………… (153)

第一章 评估工作与评估指标

一 评估工作

(一) 评估依据

本次评估的依据主要包括但不限于以下内容：

- 《中华人民共和国政府信息公开条例》（中华人民共和国国务院令第 492 号）（以下简称《条例》）

- 《国务院办公厅关于施行〈中华人民共和国政府信息公开条例〉若干问题的意见》（国办发〔2008〕36 号）

- 《国务院办公厅关于进一步加强政府信息公开回应社会关切提升政府公信力的意见》（国办发〔2013〕100 号）

- 《关于全面推进政务公开工作的意见》（中办发〔2016〕8 号）（以下简称《意见》）

- 《国务院办公厅印发〈关于全面推进政务公开工作的意见〉实施细则的通知》（国办发〔2016〕80号）（以下简称《实施细则》）
- 《国务院办公厅关于印发2018年政务公开工作要点的通知》（国办发〔2018〕23号）
- 《国务院办公厅关于在政务公开工作中进一步做好政务舆情回应的通知》（国办发〔2016〕61号）
- 《国务院关于加快推进"互联网+政务服务"工作的指导意见》（国发〔2016〕55号）
- 《国务院办公厅关于印发政府网站发展指引的通知》（国办发〔2017〕47号）（以下简称《指引》）
- 《中共中央办公厅、国务院办公厅印发〈关于进一步推进预算公开工作的意见〉的通知》（中办发〔2016〕13号）
- 《关于印发〈地方预决算公开操作规程〉的通知》（财预〔2016〕143号）
- 《国务院办公厅关于推进重大建设项目批准和实施领域政府信息公开的意见》（国办发〔2017〕94号）
- 《国务院办公厅关于推进公共资源配置领域政府信息公开的意见》（国办发〔2017〕97号）

- 《国务院办公厅关于推进社会公益事业建设领域政府信息公开的意见》（国办发〔2018〕10号）
- 《关于深入推进行政许可和行政处罚等信用信息公示工作的通知》（发改电〔2015〕687号）
- 《关于推进中央企业信息公开的指导意见》（国资发〔2016〕315号）
- 《山东省政府信息公开办法》（山东省人民政府令第225号）
- 《山东省人民政府办公厅印发关于进一步加强政府信息公开工作实施方案的通知》（鲁政办发〔2014〕8号）
- 《省委办公厅省政府办公厅印发〈关于全面推进政务公开工作的实施意见〉的通知》（鲁办发〔2016〕43号）
- 《山东省人民政府办公厅关于进一步做好政务公开工作的通知》（鲁政办发〔2018〕21号）（以下简称《通知》）
- 《山东省人民政府办公厅关于印发开展基层政务公开标准化规范化试点工作实施方案的通知》（鲁政办发〔2017〕74号）（以下简称《试点方案》）
- 《关于做好行政许可和行政处罚等信用信息公

示工作的实施意见》(鲁政办字〔2016〕4号)

· 《山东省人民政府办公厅关于做好人大代表建议和政协提案办理结果公开工作的通知》(鲁政办字〔2016〕63号)

· 《山东省人民政府办公厅关于印发山东省全面推行"双随机、一公开"监管工作实施方案的通知》(鲁政办字〔2016〕214号)

· 2018年全省政务公开工作部署要求

(二) 评估对象

本次评估对象为38家省政府部门[①](包括组成部门、直属特设机构、直属机构和部门管理机构)、17家市政府和137家县(市、区)政府。

(三) 评估原则

政务公开第三方评估工作坚持公平公正、客观量化、注重实效、促进工作的原则。

1. 公平公正

统一评估内容、评估标准,公正、客观地进行评估,面向公众,公开评估过程和评估结果。

---

① 由于本次评估针对的是省政府部门2018年政务公开工作情况,故评估对象仍按照机构改革之前的机构。

2. 客观量化

科学制定评估办法和评估内容，合理设定评估指标和分值，采用定量和定性相结合的方法，制定量化的具体标准，客观公正地进行评价，确保评估结果真实可靠。

3. 注重实效

严格按照评估标准和要求实施评估，严格评估纪律，规范评估程序，简化评估流程，提高评估实效。

4. 促进工作

评估本着鼓励先进、激发干劲的目的，最大限度地调动各级各部门工作积极性、主动性和创造性，促进我省政务公开工作全面发展。

（四）评估方法

针对本次评估内容与指标，采用主观与客观相结合，人工评价与计算机评价相结合的评估手段，通过观测评估对象门户网站、实际验证等方式，对各级政府依法、准确、全面、及时公开政府信息的情况进行测评，总结政务公开工作中取得的成就，并分析其当前存在的问题。

1. 客观与主观相结合的评估方法

对于本次评估工作，采用客观与主观相结合的方法。依照评估指标体系，对于指标体系中能够量化的指标，通过评估工具或人工采集进行客观评估。对于无法量化的指标，统一评估标准，采取主观判断、多份数据求和平均的方法进行评估，确保评估工作公正、合理。

2. 人工评价与计算机评价相结合的评估方法

对于本次评估工作，采取人工与计算机相结合的方法。对于可量化或可通过工具进行采集的数据，诸如链接有效性、网站点击量等，使用专用计算机工具进行采集，对于无法量化或通过工具无法采集的数据，采用人工采集的方式进行采集，并将所有采集数据录入具有自主知识产权的采集系统进行统计分析。

3. 模拟暗访评估方法

对于依申请公开、政策解读与回应等互动类评估内容，除了常规评估手段外，还采取了模拟暗访的方式进行评估，即通过以公众身份实际提交申请，评估相关部门的答复、回应情况，对应评估指标体系，进行评估。例如，对于依申请公开的评估，分别以公众身份模拟提交按规定应予公开与不予公开的两类信息公开申请，评估相关部门的答复情况：对于应予公开的内容，应按相关规定及时、规范答复；对于不予公开的内容，应给出不予公开的依据，及时答复。

4. 同一指标平行测试评估

每一轮评估中每个评估对象的每项指标由同一个人全部完成，并在同一个时间段内完成数据的采集工作，确保每个评估对象每项指标的评测标准和评分尺度、评测时间相同，从而确保每个评估对象的指标评估标准的一致。

5. 专家咨询

在评估过程中，为提高评估的质量，规范评估程序，对比较重要的指标项或存在疑惑的指标项，评估工作组向专家顾问组进行了咨询，由专家顾问组提出科学的咨询评估意见或建议，评估人员根据专家顾问组的意见或建议进行有效评估。

6. 数据质量核查

在政务公开数据采集之后，按照严格的标准对采集的多组数据质量进行核查。一查数据采集源，确保数据采集来源全面统一；二查数据格式，确保从各单位采集的数据格式正确，以符合评估标准；三查数据质量，确保采集数据准确可靠。"三查"工作采取先全面核查后重点核查的工作方式，对多份样本的评估数据进行检查，对于个别偏离较大的样本进行再次评估，对于存在明显问题的数据进行重点核实，并重新进行数据采集工作，对采集的数据再次进行数据质量核查，直至数据质量符合评估数据质量标准。

7. 工作组统一评估标准

在评估工作进行之前，对评估工作组内部进行培训。培训内容涉及政务公开评估指标体系、评估方式、评估标准等内容。通过系统的培训学习，评估工作组人员对评估指标项有更清晰的理解，从而形成统一的评估标准，确保评估结果的客观公正。

二 评估指标

2018年评估工作延续了指标体系的征求意见环节，以求指标体系设计的合理性和公平性。截至2018年11月5日，共收到17市政府提出的意见56条，经过专家咨询、专题讨论等形式认真研究分析后，采纳了42条，未采纳14条，并逐一对相应的市政府进行了反馈和理由说明；共收到35家省政府部门提出的意见40条，采纳了24条，未采纳16条，并逐一对相应的省政府部门进行了反馈和理由说明。

（一）设计思路

2018年山东省政务公开第三方评估指标体系的设计，紧紧围绕党中央、国务院、省委、省政府的最新部署要求，注重与国务院办公厅组织的对全国各省（市、区）政务公开第三方评估指标相衔接，着重突出了本年度政务公开重点工作的落实情况。

1. 紧跟发展趋势，贯彻落实政务公开系列部署

在梳理近年来党中央、国务院、省委、省政府有关政务公开工作系列部署要求的基础上，以落实2018年政务公开重点工作安排为主线，将政策文件相关要求融入到本次政务公开第三方评估指标体系中，通过开展第三方评估工作，能够将政务相关工作纳入各级政府工作全局，切实促进相关部署要求的贯彻落实。

2. 强化科学公正，合理平衡主观性与客观性指标

第三方评估工作紧密结合国家和我省政务公开工作要求，力求做到主观与客观相结合，主观层面注重公众实际需求和感受，客观层面关注政务公开工作流程中产生的客观数据，并优化客观指标为主、主观指标为辅的权重配置，更加强调主观指标与客观指标的相互验证，确保整体评估的客观性与准确性。

3. 力求纵向可比，关注评估对象的差异化

第三方评估指标体系兼顾评估对象的职能特点，特别是省政府各部门、各直属机构在职能和业务范围上的差异，科学、合理地制定了评估指标体系。在省政府部门的第三方评估指标方面,继续引入"共性指标"和"专项指标",力求纵向可比,进一步提升了第三方评估工作的科学性、合理性和公平性。

4. 坚持问题导向,聚焦保障和改善民生领域信息

第三方评估指标通过对接政务公开在公开理念、工作落实、公开标准等方面存在的问题研究制定,意在以解决人民群众最为关注和反映最强烈的问题为导向,聚焦保障和改善民生,紧紧围绕社会公众和企业公开需求,有针对性地设置评估指标。

5. 鼓励方式创新,促进共享基层试点工作成果

《意见》提出,牢固树立创新、协调、绿色、开放、共享的发展理念,深入推进依法行政。本次第三方评估指标旨在引导各级政府运用互联网思维,推广基层试点工作成果和经验,创新公开模式,克服第三方评估"趋同"导向,并将推进政务公开工作过程中具有创新性的优秀经验做法进行总结推广。

(二)指标体系

评估指标采用五级树形结构,包括五个一级指标:"行政权力运行公开""重点领域信息公开""依申请公开""政策解读与回应关切"和"政务公开保障机制建设",指标权重情况如图1所示。

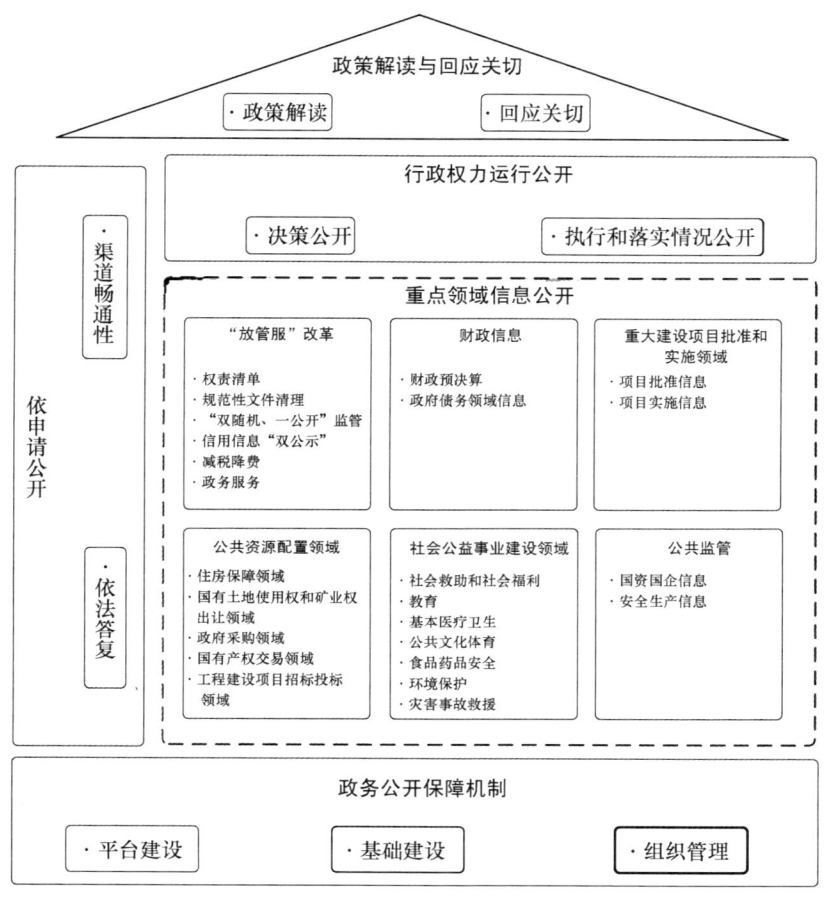

图 1　评估指标体系结构

（三）计分方法

1. 省政府部门

由于省政府部门所属行业和职能范围不同，除了有针对性地制定评估指标及开展评估工作外，在计分方法上也要更加公平、公正。省政府部门评估指标分共性指标和专项指标，共性指标为所有部门的工作；

专项指标为某个或几个部门（省政府部门多为牵头单位）特有的任务，按项设置附加分，各部门不等。

有专项指标的部门所得总分数，按本部门评估指标总分值折合为百分制分数排名。例如，某部门专项指标总分15分，得分8分；共性指标总分80分，得分70分，最终得分为〔（8+70）/（15+80）〕×100 =82.11分。

2. 市级政府

市级政府评估方面，市级政府最终得分由市本级政府得分和县级政府得分组成。本次评估每个市所有县级政府的平均得分占总得分的30%，市本级政府得分占总得分的70%。

例如，某市政府本级政府得分85分，所辖各县级政府平均得分76分，最终得分为85×70%+76×30% =82.3分。

3. 县级政府

县级政府的总得分按照实际得分计分，满分100分。

第二章　总体评估结果与分析

一　总体评估结果

(一) 省政府部门

本次对于省政府部门的评估，指标体系沿用了去年共性指标和专项指标的形式，在专项指标的设置上，进一步参考了各部门发布的年度政务公开工作实施方案或工作措施，更加具有针对性，力求最大限度反映各部门的政务公开工作情况。从本次评估结果来看，省政府部门表现出如下特征：

1. 省政府部门呈现出均衡发展的良好态势

省政府部门近3年政务公开第三方评估得分分布情况如图2所示。

从评估结果来看，省政府部门近3年政务公开工作水平提升较为明显。2018年，省政府部门平均得分87.0127分，较去年有了明显提升和进步，全部得分超过了70分。其中，57.89%的省政府部门得分在80到90分，34.21%的部门得分高于90分，这说明2018年省政府部门不断加大政务公开工作推进、协调力度，整体呈现出均衡发展的良好态势。

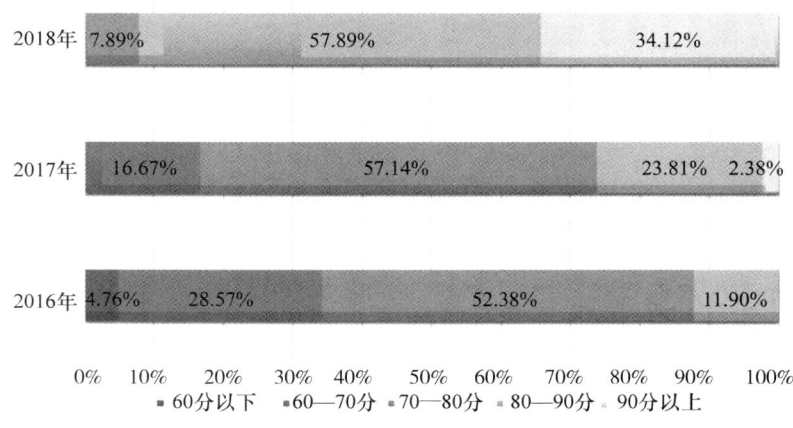

图2　省政府部门近3年评估得分分布情况

2. 履职信息发布较好，共性指标得分明显提升

省政府部门共性指标和专项指标平均得分指数近3年的对比情况如图3所示，2018年省政府部门专项指标平均得分指数①为91.49%，相比上年提高了7个百分点，表明省政府部门在指导推进省级基层政务公开标准化规范化试点的同时，对本系统的履职相关信息

---

①　得分指数是指某项指标的评估得分值与该项指标满分值的比值，以小数表示或者换算成百分比。

进行了较为全面的梳理和整合,并通过各公开平台向社会细化公开;共性指标平均得分指数为86.74%,相比上年提高了将近12个百分点,表明省政府部门强化行政权力运行公开基础建设,加大政策解读和回应关切力度,逐步形成了常态化的政务公开工作保障机制。

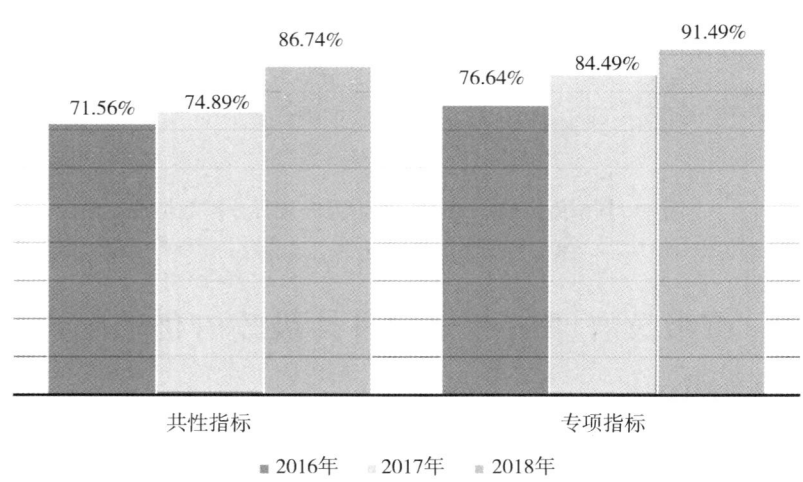

图3 省政府部门共性指标和专项指标得分指数年度对比情况

(二)市级政府

本次对于17市政府的评估,继续将各市所辖全部县级政府平均得分以30%的比例计入总分。评估结果显示,17市政府政务公开工作水平较高,各市级政府一级指标平均得分和得分指数情况如图4所示。

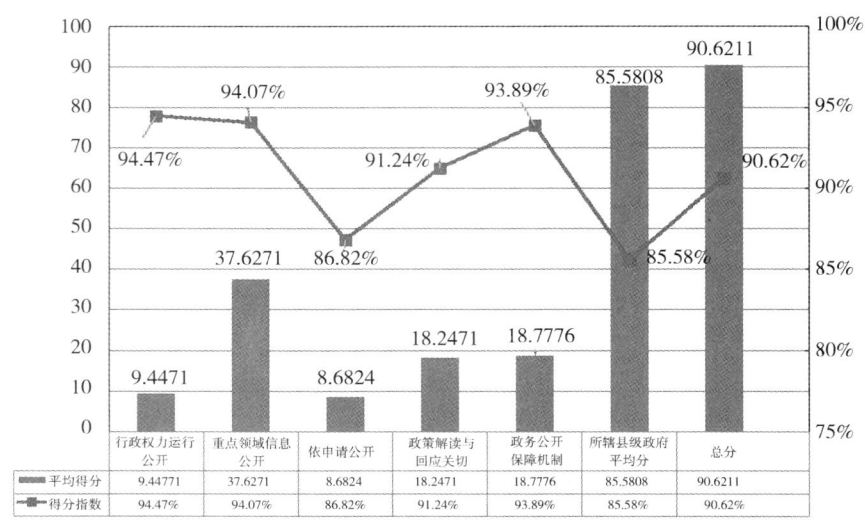

图 4　各市级政府一级指标平均得分和得分指数情况

1. 市级政府评估得分相对县级政府仍然较高，但差距在缩小

从本次评估结果来看，17 市政府平均得分达到了 90.6211 分，相比于省政府部门、县级政府，仍然保持着较高的政务公开水平，如图 5 所示。表明 17 市政府高度重视政务公开工作，不断深化本地区重点领域信息的整合和公开工作，建立了较为完善的政务公开工作机制，收到了良好的社会效果。通过近 3 年的对比来看，在 17 市政府的带动下，各县级政府逐步开始树立公开意识，从根本上开始重视政务公开工作，并且按照市政府统一的安排部署，有序推动，逐年进步，逐渐缩小了与市政府之间的得分差距。

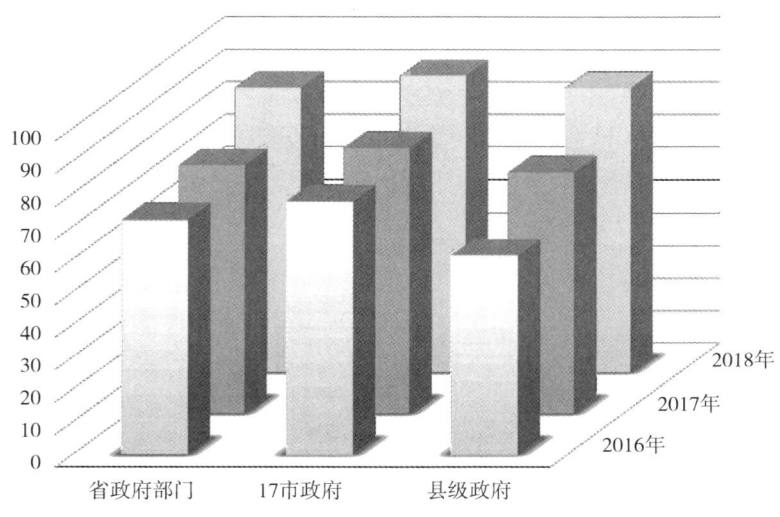

图 5　省政府部门、市级政府和县级政府评估平均得分情况

2. 市级政府统一部署、协调推进成效凸显

为推动基层政府政务公开整体水平提升，从 2016 年开始，在 17 市政府的评估结果中纳入了所辖县（市、区）政府平均得分，基层政府政务公开工作逐步受到了重视。从图 6（竖线和横线分别表示市本级平均得分和所辖县级政府平均得分）可以看出，市本级政府得分和所辖县级政府平均得分之间存在着较大的关联性，市级政府统一部署、协调推进力度大的，整体水平会有明显提升。如潍坊、威海、泰安、烟台、济宁、枣庄等市，市本级政府得分和所辖县级政府平均得分均较高；德州市统一了所辖各县级政府主动公开目录，各县级政府平均得分较高；济南、青岛等市，

市本级政府得分较高,由于所辖县级政府数量较多,协调推进力度有待进一步加大;东营、菏泽等市,市本级和所辖各县级政府整体政务公开水平还有待进一步提升。

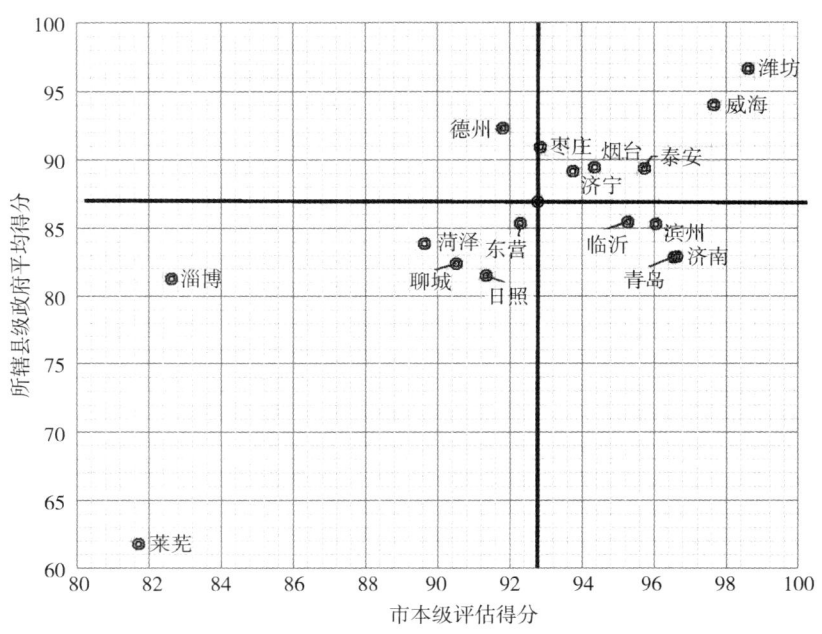

图6 市本级政府得分和所辖县级政府平均得分情况

3. 行政权力运行公开和重点领域信息公开取得显著成效

17市政府各一级指标和所辖县级政府平均得分情况如图7所示。

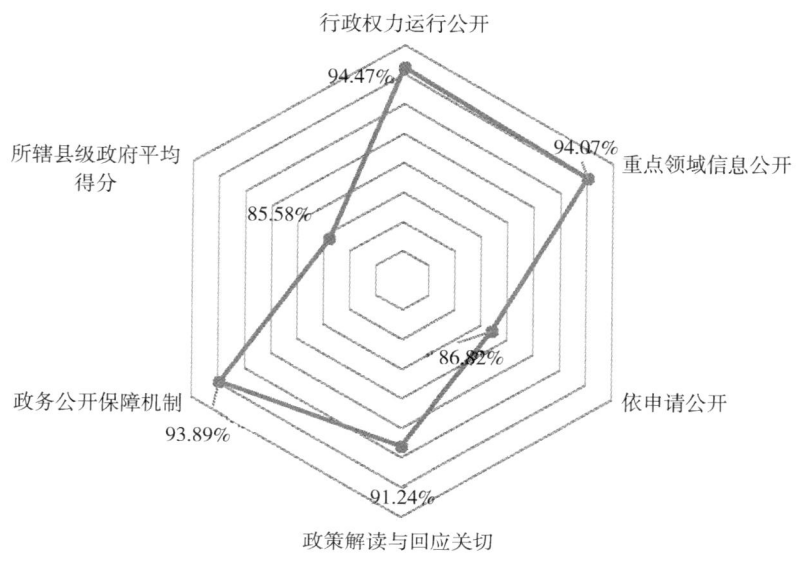

图7　市级政府各一级指标和所辖县级政府平均得分指数情况

从各一级指标的得分指数来看,各项指标平均得分指数均超过了85%,保持了较高的标准。其中,行政权力运行公开和重点领域信息公开指标平均得分指数超过了94%,政务公开保障机制指标平均得分指数也接近94%,说明17市政府不断理顺政务公开体制机制,在涉及公众切身利益、社会关注度较高的领域,着重提升政务公开的质量和效果,取得了明显的成效。

(三) 县级政府

深化基层政务公开,提高行政效能,加快建设法治政府、服务型政府,一直是政务公开工作的重点之一。2018年是省级基层政务公开标准化规范化试点验收之年，通过试点工作的推动，山东省基层政府政务公开工作取得了明显成效。

山东省政务公开第三方评估工作已经连续开展了4年，评估范围逐年扩大。2018年继续将全省137家县（市、区）政府全部纳入评估范围。从本次评估结果来看，各市所辖县级政府较上年均有较大提升，且各市之间的得分差距逐渐缩小。

1. 相比上年，基层政府整体政务公开水平有了较大提升

自2017年开始，将全省137家县（市、区）政府全部纳入评估范围。近2年各县级政府成绩分布情况对比如图8所示。

从图中可以看出，2017年各县级政府评估得分低于60分的有21家，占到了总数的15.33%，而评估得分超过90分的仅有12家，占到了总数的8.76%，其余均匀地分布在60—90分之间；2018年各县级政府评估得分低于60分的仅有1家，而超过90分的有56家之多，占到了总数的40.88%，且71.53%的县级政府评估得分分布在80—95分之间。说明在评估工作的引导下，各县级政府不断加大政务公开督导和工作力度，整体政务公开水平取得了突破性的进步。

图表数据：近2年县级政府第三方评估得分分布情况对比

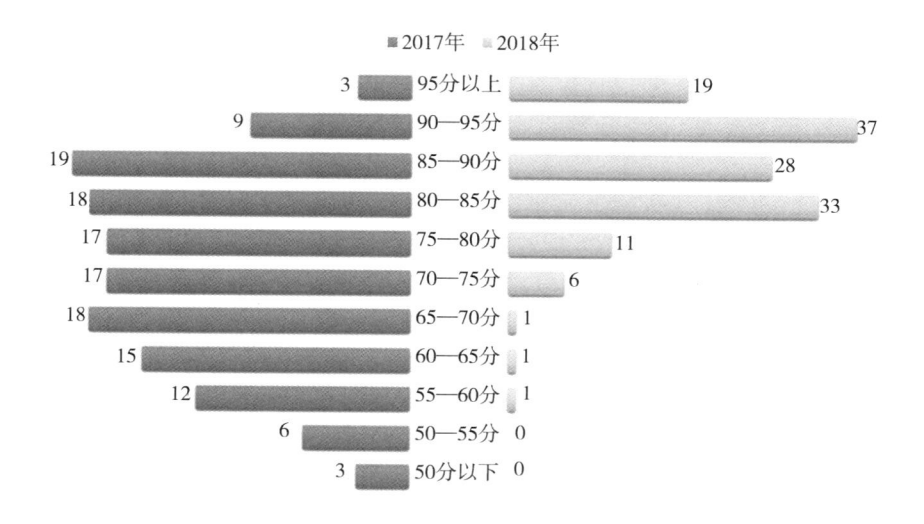

分数段	2017年	2018年
95分以上	3	19
90—95分	9	37
85—90分	19	28
80—85分	18	33
75—80分	17	11
70—75分	17	6
65—70分	18	1
60—65分	15	1
55—60分	12	1
50—55分	6	0
50分以下	3	0

图 8　近 2 年县级政府第三方评估得分分布情况对比

2. 基层政务公开水平参差不齐，两极分化现象仍然存在

各市所辖县级政府得分分差（本市最高分与最低分之差）情况如图 9 和图 10 所示。图中，条形图表示该市所辖县级政府中最高得分与最低得分的差值，条形图越长，代表该市的两极分化现象越严重；直线表示所有县级政府的平均得分。

从所属地域来看，如图 9 所示，潍坊、威海、东营等市所辖县级政府得分较为平均，济南、青岛、临沂等市由于所辖县级政府数量较多，统筹协调较为困难，出现了不同程度的两极分化现象。

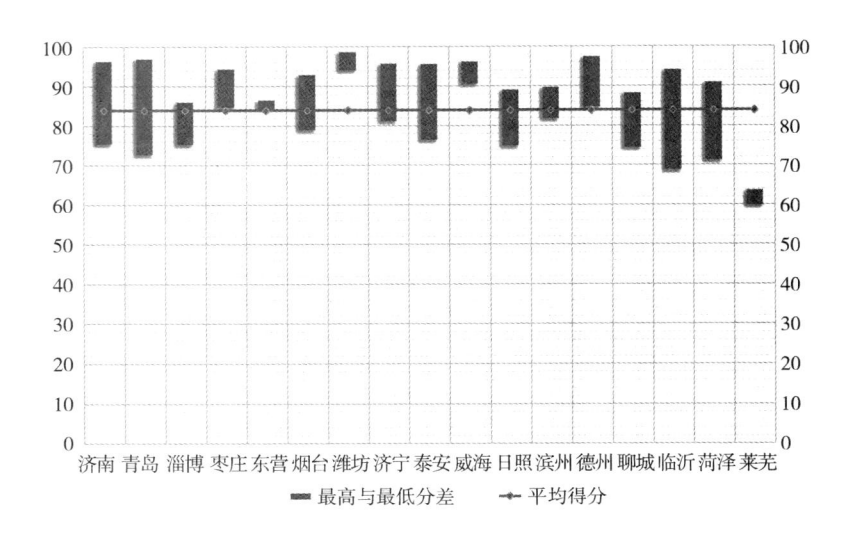

图9　各市所辖县级政府得分分差（本市最高分与最低分之差）情况

从一级指标得分情况来看，如图10所示，行政权力运行公开、依申请公开和政务公开保障机制方面，出

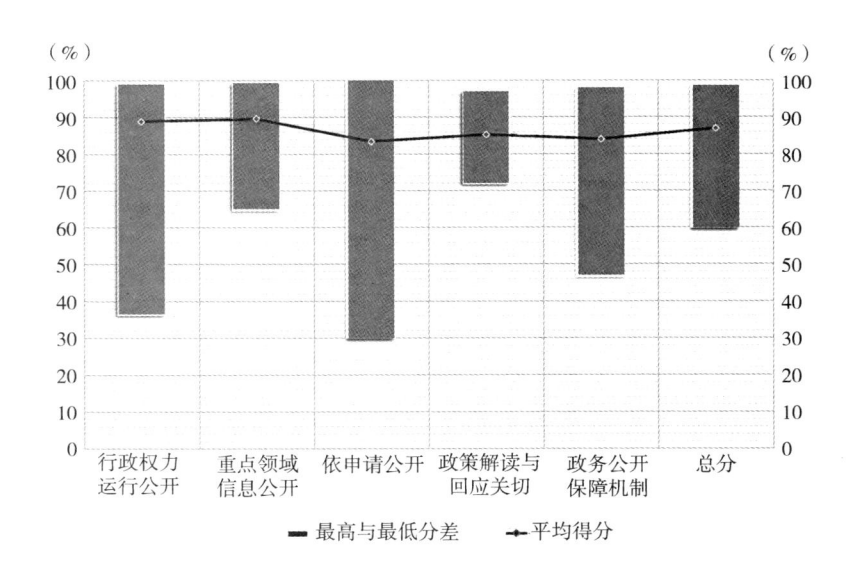

图10　各一级指标得分指数分差（本市最高得分指数与最低得分指数之差）情况

现了不同程度的两极分化现象，表明部分县级政府在政务公开意识、基础制度保障和平台建设方面，仍然有提升的空间。重点领域信息公开和政策解读与回应关切方面，各县级政府的差距逐渐缩小，表明本年度各县级政府逐步重视民生领域信息公开和解读回应工作，全省基层政府公开、解读、回应三位一体的大公开格局正在逐步形成。

3. 基层政务公开标准化规范化试点带动提升效果明显

2018年是省级基层政务公开标准化规范化试点工作验收之年，试点工作开展以来，全省30家试点单位高度重视，精心组织，圆满完成了试点工作。今后一段时间内，各县级政府应当在做好重点领域试点工作的基础上，逐步扩大到基层政府的所有政务领域和服务事项，以试点工作带动全省基层政务公开工作的整体提升。

从本次评估结果来看，各试点县（市、区）政府①各项一级指标得分以及总平均得分均高于各县级政府平均水平，充分彰显了试点的引领作用。相比上年，试点单位与非试点单位在各指标得分上的差距也在逐步缩小，表明试点工作已经带动提升了我省基层政府的整体水平，具体平均得分对比情况如图11所示。

---

① 本次评估范围为137家县（市、区）政府，不包括各经济园区，试点中烟台市开发区不在评估范围。

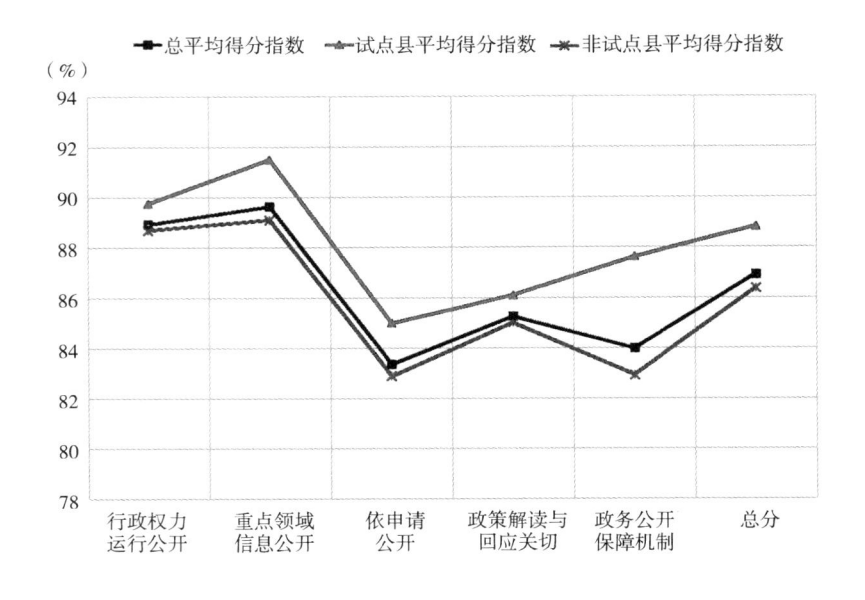

图 11　基层政务公开标准化规范化试点平均得分指数情况

二　总体评估结果分析

(一) 政务公开整体特点

1. 全省政务公开由"试点带动"向"整体推进"转变

2018年是全面深入推进政务公开工作的第三年，也是我省基层政务公开标准化规范化试点验收之年。在试点工作的带动下，我省政务公开整体工作水平较上年度有了进一步的提高，省政府部门平均得分87.0127分，17市政府平均得分92.7812分，县级政府平均得分86.9366分。特别是基层政府方面取得了明显进步，82.35%的市级政府和40.88%的县级政府总分超过了90分,全省政务公开工作由"试点带动"进入到了"整体推进"的阶段。

2. 注重加强顶层设计,分类指导成效显著

各级政府政务公开工作离不开上级政府的指导、协调和推进,评估发现,近年来我省各级政府和各部门通过加强横向和纵向顶层设计,分类指导推进政务公开工作。横向方面,《山东省国民经济和社会发展第十三个五年规划纲要》提出,全面推行政务公开和各领域办事公开;《2018年山东省政府工作报告》也提出,扎实推进政务全过程公开,更好接受群众监督;又相继出台了《关于全面推进政务公开工作的实施意见》《关于进一步做好政务公开工作的通知》等一系列文件。纵向方面,省政府部门在每年制定年度政务公开实施方案的同时,也积极通过制发部署文件等形式纵向推进本系统政务公开工作,如原省食品药品监管局印发了《山东省食品药品行政处罚案件信息公开实施细则(试行)》(鲁食药监发〔2018〕22号);省财政厅印发了《山东省政府采购信息公开管理办法》(鲁财采〔2018〕18号);省国资委印发了《山东省省属企业国有资产交易信息公开办法(试行)》(鲁国资产权〔2018〕2号);省生态环境厅(原省环保厅)印发了《关于进一步推进企业事业单位环境信息公开》(鲁环发〔2018〕142号)。

3. 重点领域信息公开有序深化，持续推进

评估结果显示，省政府部门专项指标平均得分指数为91.49%，17市政府和县级政府"重点领域信息公开"指标平均得分指数分别为94.07%和89.64%。这表明我省各级政府深入贯彻落实党中央、国务院关于全面推进政务公开重要部署，围绕财政预决算、重大建设项目、公共资源配置、社会公益事业建设等社会高度关注、涉及群众切身利益领域，持续推进重点领域信息公开工作。在纵向深化推进方面，"山东省公共资源交易网""山东省预决算公开平台""山东省征地信息公开查询系统"等系统平台的建立完善和持续改进，也为有序深化重点领域信息公开工作提供了坚实的平台基础。

4. 依申请公开渠道基本畅通，答复及时

各单位不断规范依申请公开工作，畅通受理渠道，健全完善工作规范，并能够严格按照法定时限进行答复。评估结果显示，信函渠道总体畅通率为98.96%，按时答复率为81.77%；在线渠道总体畅通率为98.44%，按时答复率为84.90%。

5. 政策解读工作逐步受到重视

做好涉及群众切身利益、影响市场预期等重要政策解读，主动回应针对市场和社会关切事项，是提升政府公信力，减少误解猜疑，稳定市场预期，保障公

众切身利益的重要举措。评估发现，省政府部门、17市政府和各县级政府均在政府网站设置了政策解读专栏，及时发布解读材料，且对于本级政府制发的规范性文件基本能够做好全解读。主要负责人解读方面，57.89%的省政府部门、94.12%的市级政府和49.64%的县级政府在政府网站公布了主要负责人对政策进行解读的信息。解读形式方面，52.64%的省政府部门、88.24%的市级政府和38.69%的县级政府能够积极充分运用政府例行新闻发布会、政府新闻办公室新闻发布会解读政策。

6. 公开平台集约化建设成效初显

统一公开平台，提升公开平台集约化程度，是有效解决基层政府公开信息碎片化、标准化程度低等问题的重要基础。本次评估发现，各市政府不断通过强化领导和工作推进机制、统一公开目录等方式协调推进各基层政府政务公开工作的进一步提升，如潍坊、威海、德州等所辖县（市、区）政府均由市级统一了公开目录，各县（市、区）政府评估总得分均较高，总体上表现出了"优化趋同"的态势。

（二）存在的主要问题

1. 主动公开基本目录有待梳理

推进主动公开目录体系建设，建立健全主动公开基本目录，是持续推进重点领域信息公开，不断提升主动公开标准化规范化水平的重要举措。评估发现，部分单位未能够充分认识评估指标体系与主动公开基本目录的区别，机械式地将评估指标体系复制照搬到政府网站，替代公开目录。评估指标是阶段性、年度更新的，公开目录是长期性、动态更新的，两者不能混为一谈。另外，还有部分基层政府出现了为迎评而公开的"应试"倾向、"突击式"发布信息等现象，严重影响了政府信息发布的时效性和权威性，甚至个别基层政府直接设置了"政务公开工作评估专题"。

2. 公众参与决策程度有待提高

对重大决策事项范围界定不清。评估发现，部分单位，特别是基层政府，对于重大决策事项仅是通过行政决策程序规定等文件，划定范围，而未发布决策事项目录。部分单位"2018年重大决策事项目录"发布时间为2018年12月，在决策后才界定事项范围。

专家论证与公众参与主体混淆。行政决策中的公众参与机制和专家的论证咨询是两个并列的机制，具体实践过程中由于参与主体界定宽泛，导致了将两者混淆。部分单位仅通过召开专家座谈会或向特定主管部门、行业专家发布征求意见函等方式征求意见，而未面向社会公众征求意见。

决策草案解读和宣传力度不足。评估发现，草案征集意见形式较为单一，多数通过在政府网站发布征求意见稿的形式征求公众意见，而未充分利用微博、微信等政务新媒体多样化全方位发布决策草案，宣传力度不足；各单位普遍只通过政府网站发布决策草案，而缺少对于草案的解读或说明，不便于公众更好地理解草案内容，无法有针对性地提出建议，导致了多数征求意见结果为"无意见或未收到意见"。

3. 部分重点领域信息公开缺乏系统性

自2016年开始，国务院办公厅连续发布了财政预决算、重大建设项目批准和实施、公共资源配置、社会公益事业建设等重点领域信息公开的指导意见，足见推动力度和重视程度之大。评估发现，我省各级政府在重点领域信息公开方面依然存在着一些问题。

部分重点领域信息整合梳理力度不足。省级基层政务公开标准化规范化试点工作的一项重要工作就是全面梳理试点领域公开事项，并按条目方式逐项细化分类。评估发现，部分单位仅是简单的信息堆积，而未梳理细化。如重大建设项目批准和实施领域信息公开方面，部分单位未根据本地区工作实际确定重大建设项目范围，而是将所有跟本地区项目有关的信息均放置在同一个目录下；另外，同一项目不同进展阶段的信息关联性也较差，信息发布呈碎片化，很难根据发布信息判断项目批准或实施的进展情况。

部分重点领域信息呈现分散化特点。评估发现，部分单位由于复制照搬评估指标体系，硬性拆分信息，破坏了信息的整体性，导致公开信息的分散化。如财政预决算信息公开，评估指标为了量化打分，将预决算报告的预决算说明和预决算表格等要素分开设置了指标，但个别单位在目录设置上也将说明和表格等要素分开，导致了信息连贯性和整体性的破坏。

部分具有明显时间特征的政府信息发布时效性较差。月度财政收支、空气环境质量、水环境质量、义务教育招生方案等信息具有较强的时效性，应按照时间和频率要求按时发布相关信息。评估发现，个别单位将全年的空气环境质量、水环境质量等信息在12月底以Excel汇总表格的形式公开；某县级政府将全年12个月的财政收支信息均于12月同一时间公开。

部分重点领域信息缺少公开方式的探索。评估发现，多数单位对于所有重点领域信息均简单以文本文件、年度总结等形式公开。如义务教育招生结果信息，多数单位将所有义务教育学校的招生结果信息全部放在一个文件中总结发布，而未提供按学校、按年度分类查询的功能；公共体育设施名录、公共文化设施名录等信息也是采用静态Excel表格形式进行公开，查询极为不便。实际上，不同领域、不同类别的信息需要采用不同的方式进行公开，这样才能够更加方便公众快速定位和获取所需信息。

4. 依申请公开答复规范性仍有待提升

评估发现，18.75%的单位未能够在规定时限内答复通过信函渠道提出的申请，15.10%的单位未能够在规定时限内答复通过在线渠道提出的申请。部分单位答复内容存在文字性错误、法律依据不充分、救济渠道缺失等问题。

5. 政策解读力度需进一步加大

解读范围有待进一步扩大。《国务院办公厅印发〈关于全面推进政务公开工作的意见〉实施细则的通知》（国办发〔2016〕80号）明确要求，对涉及群众切身利益、影响市场预期等重要政策，各地区各部门要善于运用媒体，实事求是、有的放矢开展政策解读。评估发现，各单位普遍对于本级政府或部门发布的规范性文件解读较好，基本达到了全部解读，但对于涉及群众切身利益、影响市场预期的非规范性文件的解读力度不足。

部分解读材料流于形式。评估发现，部分评估对象所发布的解读材料主要是对文件内容的简单转述，流于形式，未能够从公众生产生活实际需求出发，对政策文件及解读材料进行梳理、分类、提炼、精简，重新归纳组织。

政策文件与解读材料的关联性仍有待提升。评估发现，39.47%的省政府部门、11.76%的市级政府和41.61%的县级政府未能够提供政策文件页面与解读材料页面的相互关联入口。

6. 基础平台建设亟须规范整合

评估发现，部分政府网站上的信息链接失效或显示错误，文件下载路径不畅通，导致相关信息无法查阅。部分政府网站在查询的便利性上还有待提高，部分政府网站未提供搜索查询功能，29.41%的市级政府和21.05%的县级政府存在搜索结果不够准确等问题。部分政府网站仍存在明显错别字的情况，如某县级政府网站信息标题和内容不一致，标题为"《关于加快推动国有企业改革发展的实施意见（征求意见稿）》公开向社会征集意见"，实际内容显示为"《关于进一步做好当前政务公开工作的通知（征求意见稿）》"。政务新媒体方面，新媒体在草案征求意见、政策解读、回应关切等部分重点工作中的利用率普遍不高。

第三章 各指标评估结果分析

一 行政权力运行公开

2018年,全省各级各部门积极推进行政权力运行公开,坚持以公开为常态,不公开为例外,全面推进决策、执行、管理、服务、结果"五公开",努力实现政务公开覆盖权力运行全流程、政务服务全过程。本次评估"行政权力运行公开"指标包括决策公开、执行和落实情况公开2项二级指标。

(一)决策公开

1. 主要工作成效

(1)多数能够明确本级政府重大决策范围

《山东省行政程序规定》规定"重大行政决策的具体事项,由县级以上人民政府在前款规定的范围内确定,并向社会公布"。《山东省法治政府建设实施纲要（2016—2020年）》明确要求"县级以上政府要在2016年年底前，建立并落实重大行政决策程序制度，科学确定重大行政决策事项范围"。明确公众参与范围、规范公众参与方式是科学合理规范重大决策预公开的重要内容，本年度评估在市政府和县级政府版的指标中增加了"事项目录"的指标。评估结果显示，17市政府和75.18%的县级政府在门户网站公开了本级政府2018年重大决策事项目录或明确了重大决策事项范围，进一步细化了重大决策事项、承办部门、决策时间及公众参与方式，公开效果良好。

（2）决策预公开平台建设情况较好

在政府网站设立统一平台集中发布决策草案，广泛征求意见，能够更加方便公众获取到相关信息。评估发现，34家省政府部门、17市政府和110家县级政府设置了专门的重大决策预公开草案意见征求栏目。设置形式上一般是在政府信息公开目录下设置"预公开"目录，或是在政民互动栏目下设置"民意征集""意见征集""征集调查""网上征集"等栏目。部分单位还能够明确标注征集状态，如潍坊、威海、滨州等市政府在"意见征集"栏目中明确标注了征集意见的起止时间和征集状态，并且随着草案发布了相关背景介绍，对草案内容进一步说明。

（3）征集意见反馈情况明显提升

及时公开征集意见的反馈结果是决策预公开的重

要工作，意见建议缺乏反馈，公众不知道自己提出的意见是否最终被采纳，就会感觉是在"自说自话"，从而导致了公众参与的积极性和有效性的降低。评估结果显示，71.05%的省政府部门、76.47%的市级政府和64.23%的县级政府公开了完整的意见反馈信息，包括征集的总体情况、采纳情况和不予采纳的理由。

（4）政府有关会议公开制度落实良好

《通知》要求，各级政府要建立健全利益相关方、公众、专家、媒体等列席政府会议制度，增强决策透明度。各级、各部门年内邀请相关人员列席政府常务会议、部门办公会议不得少于2次。评估结果显示，81.58%的省政府部门能够比较全面地公开部门办公会议议题，17市政府和93.43%的县级政府公开了政府常务会议和政府全体会议议题；39.47%的省政府部门和94.12%的市级政府年内2次以上邀请了利益相关方、公众代表、专家、媒体等列席政府有关会议，公开会议议定事项并解读，54.01%的县级政府也在门户网站发布了邀请利益相关方、公众代表、专家、媒体等列席情况。

（5）建议提案办理结果公开专栏分类清晰

评估发现，36家省政府部门、17市政府和130家县级政府均设置了建议提案专栏对建议提案办理结果情况进行集中发布。其中，14家省政府部门、14家市政府和 96 家县级政府更是区分设置政协提案和人大建议办理结果专栏，分类清晰合理，便于公众查找。办理建议提案的总体情况是对本单位一年来收到建议提案、吸收采纳建议意见、开展相关工作等的总结，内容应当具体详尽。评估发现，32 家省政府部门、17 市政府和 131 家县级政府能够发布建议提案办理的总体情况，公开情况良好。

2. 存在的问题

（1）部分未明确重大决策范围

评估发现，部分评估对象对重大决策事项的范围界定不清，特别是基层政府，对于重大决策事项仅是通过行政决策程序规定等文件划定范围，而未发布决策事项目录。部分单位"2018 年重大决策事项目录"发布时间为 2018 年 12 月，在决策后才界定事项范围。

（2）部分决策预公开实效有待提升

一是草案公开不规范。重大决策草案在征集意见时应提供决策草案、征集意见的时间和渠道。评估发现，部分评估对象征集意见的相关公告或通知不规范。如某县级政府公开的决策草案征集意见是 2016 年的内容，发布时间却是 2018 年；某县级政府发布的征求意见标题和内容不对应；甚至有部分评估对象的公开征集意见公告的发布时间在征求意见截止日期之后。

二是专家论证与公众参与主体混淆。评估发现，部分评估对象仅是通过召开专家座谈会或向特定主管部门、行业专家发布征求意见函等方式征求意见，而未面向社会公众征求意见。

三是决策草案解读和宣传力度不足。评估发现，多数评估对象通过在政府网站发布征求意见稿的形式征求公众意见，而未充分利用微博、微信等政务新媒体多样化全方位发布决策草案，宣传力度不足；各单位普遍缺少对于草案的解读或说明，导致了多数征求意见结果为"无意见或未收到意见"。

（3）个别单位征集意见反馈情况仍有待加强

评估发现，仍有个别单位对重大决策草案征集意见的反馈内容不详细，在决策依据、决策草案公开情况较好的评估对象中，仍有19.12%的评估对象未能全面公开反馈意见情况或仅公开了意见收集情况，未公开具体采纳情况。

（4）仍有部分单位对会议公开的定位不明确

评估发现，仍有部分单位对于会议开放制度的定位不够清晰明确，将座谈会、专家论证会、研究会、党组会、部门联席会等作为会议开放的主要适用对象，而没有将真正意义上的政府常务会议、部门办公会议等邀请利益相关方列席并向社会开放。

（5）部分建议提案办理复文的标题指向性不强

评估发现，大多数评估对象公开的建议提案办理复文的标题是由建议提案编号组成的，标题中并没有体现信息的概要内容，不便于定位到具体的信息，如果在此基础上提取建议提案的简要内容或主题加入信息标题则会更明确。

（二）执行和落实情况公开

1. 主要工作成效

（1）普遍能够公开决策事项执行和落实情况

评估结果显示，省政府部门、17市政府和137家县级政府均能够在一定程度上公开国家、省政府重大决策及政策部署以及政府工作报告、发展规划、改革任务或民生实事项目、政府决定事项的执行和落实情况。其中，部分评估对象更是能够分门别类进行公开，如潍坊市政府在门户网站设置了"执行和落实情况公开"专栏，按照国家省市重大决策及政策部署、政府工作报告、政府决定事项、重要民生举措分类，每个大类下以具体项目为标题公开了具体的执行过程和落实情况，公开效果良好。

（2）重大决策督查落实情况公开有所提升

《国务院办公厅关于进一步加强政府督促检查工作的意见》（国办发〔2014〕42号）指出，督促检查工作是政府工作的重要组成部分，是政府全面履行职责的重要环节，是落实党和政府重大决策部署的重要保障。主要任务是抓好法律法规、规范性文件贯彻落实情况的督促检查，抓好政府会议决定事项贯彻落实情况的督促检查。评估结果显示，81.58%的省政府部门、17市政府和94.16%的县级政府能够全面公开督查事项的落实情况及存在的问题、奖惩措施等信息。威海市建立了"督查信息"专栏，并分为"督查工作信息""环保督察""海洋督察"目录，集中发布了重大决策事项督察整改落实情况。

（3）政府预算执行及其他财政收支情况审计信息公开较好

审计监督是行政权力监督体系的重要组成部分，而实行政府审计信息公开，将审计结果展示在社会公众监督之下，是腐败治理的重要途径。评估发现，省审计厅和94.12%的市级政府、83.21%的县级政府公开了2017年本级预算执行和其他财政收支情况的审计工作报告。

审计是由国家审计机关对政府预算执行及其他财政收支情况的监督，审计报告的一项重要内容就是对审计发现问题的说明。评估发现，省审计厅和88.24%的市级政府、78.83%的县级政府公开了审计发现问题的整改结果。

2. 存在的问题

（1）决策执行和落实情况信息有待梳理规范

评估发现，部分评估对象对于国家、省政府重大决策及政策部署以及政府工作报告、发展规划、改革任务或民生实事项目、政府决定事项的执行过程和落实情况未设置相关专栏,有关内容散乱地发布在工作动态等栏目内;部分评估对象虽然设置了专栏,但是只发布了部分工作计划,对工作推进情况公开较少。

(2) 部分审计结果对审计发现问题整改情况的描述不细致

评估发现,部分评估对象未公开本级预算执行审计报告。评估发现,5.88%的市政府和16.79%的县级政府未公开2017年本级预算执行审计报告;部分评估对象的审计报告中对审计发现问题的整改情况仅作一般性描述,未就问题作出详细、具体的回应,如某县级政府仅说明"对审计发现的问题,各单位对存在的问题积极进行整改"。

二 重点领域信息公开

重点领域信息公开指标包括"放管服"改革、财政信息、重大建设项目批准和实施领域、公共资源配置领域、社会公益事业建设领域、公共监管信息6项二级指标,其中,对省政府部门的评估,主要是依据《通知》和省政府部门制发的年度政务公开工作实施方案或工作措施,分别设置了专项指标,有针对性地开展评估工作。

(一)"放管服"改革

1. 主要工作成效

(1) 各评估对象全部公开了权责清单

党的十八届三中全会《关于全面深化改革若干重大问题的决定》明确提出,"推行地方各级政府及其工作部门权力清单制度,依法公开权力运行流程"。我省各级政府按照"清权、减权、制权、晒权"四个主要环节,切实推进权责清单制度的落实。评估结果显示,35家具体有行政权力事项的省政府部门、17市政府和137家县级政府均利用权力清单公示平台、"山东政务服务网"等平台集中公开了本部门或本级政府及其工作部门的行政权力清单和责任情况,并在政府网站提供了相关的链接。省政府部门、17市政府和各县级政府均能够根据法律法规的"立改废释"情况、机构和职能调整情况等,对清单及时进行调整并公开。

(2) 规范性文件清理结果发布情况较好

《山东省人民政府办公厅关于做好行政规范性文件制定和监督管理工作的通知》(鲁政办发〔2018〕23号)要求加强行政规范性文件制定和监督管理工作,完善备案监督工作,健全动态清理工作机制。评估结果显示,94.74%的省政府部门、17市政府和94.16%

的县级政府积极完成对现行行政法规、规章、规范性文件的清理工作，能够在政府网站公开本级政府或本部门的规范性文件清理结果信息。

（3）"双随机、一公开"监管机制逐步完善

"双随机、一公开"监管作为深化"放管服"改革的重要举措，近年来受到了社会的高度关注。评估结果显示，94.12%的具有行政执法主体资格的省政府部门、17市政府和91.24%的县级政府均在政府网站发布了本级随机抽查事项清单，详细公开了抽查依据、抽查对象、抽查内容、抽查方式、抽查比例和频次等清单要素。抽查结果方面，各单位不同程度地公开了随机抽查事项清单中所列出抽查事项的抽查情况，并按相关规定公开对抽查发现违法违规行为的查处结果信息。省海洋局（省海洋渔业厅）建立了"山东省海洋与渔业监察执法双随机抽查系统"，方便公众查询抽查情况以及对抽查发现的违法违规行为的查处结果，增加了执法透明度。

（4）信用信息"双公示"工作稳步推进

公开公示行政许可和行政处罚等信用信息，是打造透明政府和公信政府的重要体现，是推动政府职能由事前监管向事中、事后监管转变的有效手段。评估发现，绝大多数具有行政许可或行政处罚权力的省政府部门、17市政府和95.82%的县级政府在政府网站

建立了"双公示"专栏或与本地信用网站"双公示"专栏链接，集中公开行政许可和行政处罚结果。94.29%的具有行政许可或行政处罚权力的省政府部门、17市政府和92.70%的县级政府能够在行政许可或行政处罚做出决定之日起7个工作日内公示。

（5）减税降费目录清单公开情况较好

建立权力清单制度是加强政府职能转变、创新行政管理方式的有效途径，收费目录清单作为政府权力清单的重要组成内容，对提高价格治理能力和优化价格服务水平具有重要意义。党中央、国务院高度重视减税降费工作，近年来，各地区、各部门围绕降低制度性交易成本，大力取消收费项目、降低收费标准、规范收费行为，在减轻企业负担方面做了大量工作，取得了积极成效。评估发现，省财政厅、17市政府和97.08%的县级政府能够发布各级行政事业性收费目录，省发展改革委、17市政府和89.05%的县级政府能够发布政府定价或指导价经营服务性收费清单，省财政厅、17市政府和94.89%的县级政府能够发布各级政府性基金目录，同时各单位还能够实行目录清单动态管理，做好信息更新工作。

（6）政务服务事项目录和指南公开情况较好

政务服务是政府服务的核心，健全完善政务服务体系是推动"放管服"改革各项措施落实到位的重要支撑。2018年以来，我省大力推进"互联网+政务服务"，全省网上政务服务平台进一步向乡镇（街道）拓展延伸，基本实现了省、市、县、乡四级联通。评估结果显示，省政府部门、17市政府和94.16%的县级政府在政府网站明显位置提供了"山东政务服务网"分厅链接，强化了政府网站作为"互联网+政务服务"总入口的功能定位。省政府部门、17市政府和各县级政府均在政府网站或"山东政务服务网"公开了本级政府的政务服务事项清单和指南，办事指南全面包括了基本信息、申请材料信息、办理流程、表格及样表下载、收费信息等基本要素，同时能够按要求及时公开政务服务事项的办理结果。

2. 存在的问题

（1）部分单位规范性文件有效性标注不够准确

评估发现，少数单位对规范性文件的废止、失效等信息未进行标注。部分单位设置了"失效标注"栏目或目录，一是栏目定位不明确，内容有的是部分失效废止的文件，有的是清理结果；二是部分单位未将失效、废止文件全部纳入，其他栏目也发布了失效、废止的文件，既然设置了失效文件专栏，就需将所有的失效文件集中发布。

另外，各单位规范性文件清理目录的位置不一，有的放置在规范性文件目录下，同时由于指标体系将规范性文件清理归类到了"放管服"改革信息，所以又同时将其放在"放管服"信息目录下，造成重复公开。现行所有的文件均要求公开规范性文件清理结果，但对于公开形式和位置没有明确规定，各单位应该根据自身网站栏目分类、公开目录梳理情况具体确定公开的方式和位置。

（2）"双随机、一公开"监管信息公开方式有待明确

少数具有行政执法主体资格的省政府部门和县级政府公开发布的随机抽查事项清单未全面包括抽查依据、抽查对象、抽查内容、抽查方式、抽查比例和频次等清单要素。个别县级政府将各部门发布的随机抽查事项清单信息、随机抽查结果信息等简单堆积到同一目录下，未进行分类，不便于公众检索所需信息。

部分评估对象仅公开了抽查的统计信息，而未公开详细的抽查情况；随机抽查情况和查处结果公开方式也不够明确，经随机抽查发现问题后所做出的查处结果公开方式不一，有的是以通报形式发布，有的是发布在行政处罚结果信息中，且抽查情况和查处结果未进行关联。如在某县级政府发布的抽检信息通告中存在抽检结果不合格的情况，但未能找到相应的查处结果信息或后续相关报道。

另外，各评估对象还应加强对发布信息的梳理和

规范工作，如某县级政府"随机抽查事项清单"目录下发布了抽查结果信息，而在"抽查情况和查处结果"目录中包含了随机抽查清单信息。

（3）少数单位"双公示"目录公开不够细化

少数县级政府未能够在政府网站发布本级政府的"双公示"目录，或是存在仅公开了行政许可事项目录，未能公开行政处罚事项目录的情况。另外，个别县级政府将"双公示"目录信息、行政许可结果和行政处罚结果等放置在同一目录下，未能对信息分类，不利于公众直接查询。

（4）个别县级政府收费目录清单要素不完整

评估结果显示，9.5%的县级政府发布的行政事业性收费目录中，未能全面包括项目名称、政策依据、执收部门及资金管理方式等要素。5.8%的县级政府发布的政府定价或指导价经营服务性收费清单中，未能全面包括定价类别、收费项目、行业主管部门、设立依据、定价部门、收费依据及标准、执行机构等清单要素。

（二）财政信息

1. 主要工作成效

（1）多数建立了预决算信息公开统一平台或专栏

评估发现，38家省政府部门、17市政府和137家县级政府均在政府网站设立了财政预决算信息公开统一平台或专栏，统一发布2017年财政决算和2018年财政预算以及"三公"经费预决算信息。各单位普遍公开了预决算说明、预决算表格等信息，且预决算全部细化到支出功能分类的项级科目、专项转移支付预决算细化到具体项目、财政拨款安排的基本支出预决算细化到经济分类的款级科目。同时，大多数单位还能够主动公开"三公"经费增减原因说明、因公出国（境）费、公务用车运行费、公务接待费等有关情况，预决算信息公开内容更加全面细化。

（2）财政收支信息公开进一步加强

评估发现，省财政厅、17市政府和大多数县级政府能够按月发布财政收支信息，解读财政收支增减变化情况及说明原因，部分单位还能够进一步对财政收入走势进行预判，公开内容不断深入。

（3）债务领域信息公开逐步规范

评估发现，省财政厅、17市政府和大多数县级政府普遍加强了对债务领域信息的公开，能够不同程度地发布本地区政府债务限额和余额信息，同时按要求公开本级政府债务的规模、种类、利率、期限、还本付息、用途等内容。

2. 存在的问题

（1）部分县级政府预决算信息查询不便

评估发现，22.63%的县级政府将本级政府的预决算信息和区县级部门的预决算信息放置在同一个目录下，或者将预算信息和决算信息放置在同一目录下，未能对信息分级、分类，公众查找本级政府或部门的预决算信息十分不便。个别县级政府在专栏下发布的内容名称为"2017年财政决算""2018年财政预算"等，未能直接指明信息发布部门，需点击后才能明确公开单位。

（2）个别单位财政预决算信息有待更加细化

部分单位发布的"三公"经费预决算信息中，未能按照指标要求公开有关内容，如预算未能说明"三公"经费增减原因说明、因公出国（境）费、公务车购置费、公务用车运行费、公务接待费；决算未能细化说明因公出国（境）经费、组团数、人数，公务用车经费、购置数、保有量，公务接待经费、批次、人数，"三公"经费增减原因说明等信息。此外，少数县级政府未能够将政府预决算全部细化到支出功能分类的项级科目以及将专项转移支付预决算细化到具体项目，有待进一步细化。

（3）部分单位财政收支信息未按月公开

评估发现，18.25%的县级政府未能做到按月发布收支信息，存在部分月份财政收支信息缺失的情况。另外，40%以上的县级政府未能够在财政收支情况中对财政收入走势进行预判，预判信息公开不够理想。

（4）债务领域信息发布机制有待更加完善

评估发现，各单位虽然积极加大了对债务领域信息公开的力度，但发布的内容相对不够细化，如未能全面公开本级政府债务的规模、种类、利率、期限、还本付息、用途等内容，部分评估对象也未能公开本地区 2018 年度政府债务限额和余额情况。

（三）重大建设项目批准和实施领域

1. 主要工作成效

（1）普遍能够设置专栏集中公开重大建设项目批准和实施领域政府信息

省政府各相关部门、17 市政府以及各县级政府普遍能够按照《国务院办公厅关于推进重大建设项目批准和实施领域政府信息公开的意见》（国办发〔2017〕94 号）要求，在政府网站建立了重大建设项目专栏或目录，不同程度地公开了与重大建设项目相关的批准和实施信息，持续推进重大建设项目批准和实施领域信息公开工作。滨州市为推进重大建设项目批准和实施领域信息公开，市、县两级均统一建立了重大建设项目专栏，以财政投资重大项目为主推进全过程公开。

（2）项目批准服务信息公开情况较好

评估结果显示，所有具有相关职能的省政府部门、88.24% 的市级政府以及 77.37% 的县级政府能够及时全面公开重大建设项目领域的批准服务信息，重点做到了公开重大建设项目的申报要求、申报材料清单、批准流程、办理时限、受理机构联系方式、监督举报方式等信息，重大项目批准服务信息公开情况继续保持较好的公开势头。

（3）普遍按照信息类别公开项目实施信息

评估发现，多数评估对象将重大建设项目实施信息分为招标投标信息、征收土地信息、重大设计变更信息、施工有关信息、质量安全监督信息、竣工有关信息等6大类，较为清晰地公开了各个阶段的信息。

2. 存在的问题

（1）重大建设项目范围界定有待完善

重大建设项目范围界定不够清楚是大多数评估对象存在的共性问题，导致不论是否属于重大建设项目信息公开的范畴，全部予以公开。评估发现，各评估对象专栏名称各不相同，多数是"重大建设项目"，还有部分是"重大项目"，少数命名为"重点项目"或"重点建设项目"；部分评估对象在"重大建设项目"的界定上也较为模糊。《国务院办公厅关于推进重大建设项目批准和实施领域政府信息公开的意见》（国办发〔2017〕94号）文件中规定，"重大建设项目"是按照有关规定由政府审批或核准的，对经济社会发展、民生改善有直接、广泛和重要影响的固定资产投资项目（不包括境外投资项目和对外援助项目）。而《国家重点建设项目管理办法》文件并没有要求"重点建设项目"的政府投资性质，凡是对国民经济和社会发展有重大影响的都为重点项目。部分评估对象在相应栏目中所发布的信息既包括政府投资的项目，也包括其他社会力量投资的项目。仅有潍坊、威海、泰安等35.29%的市级政府和部分县级政府能够主动梳理重大建设项目的界定范围，按照重大建设项目的实施阶段、过程分级分类整合信息。同时，具有相关职能的省级政府部门重大建设项目范围也有待进一步确定。

（2）部分评估对象对重大建设项目信息整合力度不足

多数评估对象只是对实施阶段信息发布进行一种简单的堆砌，存在不同项目的信息放置在同一目录或专栏下的现象，导致重大建设项目实施领域信息公开较为散乱，查找极为不便；部分项目信息甚至存在全过程信息不明确，部分阶段信息未公开现象；多数评估对象是以目录的形式公开相关信息，公开方式有待探索。

（四）公共资源配置领域
1. **主要工作成效**
（1）保障性住房信息公开不断深化

保障性住房工作事关住房困难家庭居住条件的改

善，关系经济发展与社会和谐稳定的大局，涉及面广、公益性强、社会影响大，是推进公共资源配置领域信息公开中重要的一方面。评估结果显示，省住房和城乡建设厅全面公开了2018年度全省城镇棚改建设情况、住房保障计划完成情况，并及时更新棚户区改造相关政策措施执行情况信息。94.12%的市级政府和78.10%的县级政府能够及时公开城镇保障性安居工程规划建设方案和计划等信息；17市政府和各县级政府均能够公开本地区保障性住房分配政策、分配对象、分配房源、分配程序、分配过程、分配结果等信息。

（2）住房公积金年度报告发布情况良好

评估发现，省住房和城乡建设厅及时在政府网站公开全省住房公积金年报、季报，实时发布解读住房公积金监督管理、政策调整以及服务举措等方面信息。17市政府也均按照要求，及时发布住房公积金年度报告，并及时发布公积金缴存、提取、贷款、财务以及风险状况等公积金管理运行信息。

（3）充分利用相关平台公开公共资源交易信息

目前，省公共资源交易电子服务系统实现了与省公共信用信息平台、投资项目在线审批监管平台、省有关部门信息系统的对接联通，构建了以省公共资源交易电子服务平台为枢纽的省级公共资源交易数据共享枢纽。17市公共资源交易网站也均涵盖了本地区工程建设、政府采购、产权交易、土地出让、矿业交易等领域信息。评估结果显示，17市政府和各县级政府多采用链接至本地区公共资源交易中心（网）和"山东省征地信息公开查询系统"相关栏目的形式予以展现。

2. 存在的问题

（1）部分涉及个人隐私的信息过度公开

《条例》明确要求"行政机关不得公开涉及国家秘密、商业秘密、个人隐私的政府信息"，评估结果显示，有8家县级政府存在公开个人隐私信息的现象，如某县级政府住房保障领域方面，住房分配对象中公开分配对象的身份证号码、手机号码等信息。

（2）部分住房公积金解读信息公开不全面

评估发现，部分市级政府存在发布住房公积金年报但未解读、未按季度公开公积金运行管理运行信息或者公积金管理运行信息公开内容不规范等问题。

（3）部分存在多平台信息发布不一致的情况

评估发现，部分市政府和县级政府在链接至本地区公共资源交易网的同时，还在门户网站进一步整合了相关信息予以集中发布。但部分市政府和县级政府整合的信息与公共资源交易网所发布的信息在数量和内容上出现了不同程度的不一致现象，影响了信息公开的实效性。

（五）社会公益事业建设领域

1. 主要工作成效

（1）攻坚脱贫信息公开整体情况较好

评估发现，17市政府和137家县级政府均设立了"脱贫攻坚"或"扶贫脱困"信息公开专栏，集中发布扶贫领域相关信息。在扶贫政策、规划方面，绝大多数市级政府和县级政府能够及时公开扶贫领域的相关政策，制定相关的规划，17市政府该项指标整体得分指数100%，县级政府整体平均得分指数为94.16%。扶贫资金分配方面，94.12%的市级政府和85.40%的县级政府能够及时公开财政专项扶贫资金分配使用情况。

（2）社会救助和社会福利信息公开力度不断加大

社会救助方面，省民政厅能够及时在部门网站公开最低生活保障、特困人员救助供养、临时救助等有关政策和救助服务指南等信息。88.23%的市级政府和83.94%的县级政府能够及时公开低保、特困人员、临时救助等有关政策和解读材料，进一步明确了社会救助的救助标准和流程。

社会福利方面，老年人福利、残疾人福利、儿童福利、孤儿基本生活保障等社会福利信息公开力度进一步加大。其中，82.35%的市级政府和82.48%的县级政府能够全面公开社会福利相关政策、审批程序、补贴标准等信息。潍坊、威海等市政府在门户网站建立社会救助专栏的同时，还对相关信息进行了分类整理，分别建立了低保、临时救助、医疗救助、孤儿、养老等公示栏目，更加方便公众查找。

（3）教育领域信息公开深入推进

评估发现，省教育厅在部门网站较为全面地公开了各阶段教育政策措施、高等教育相关信息以及相关的经费使用情况。17市政府在教育领域政策措施、职业教育和民办教育方面的公开率分别为94.11%、88.23%和76.47%，整体上呈现了一个良好的信息公开态势。89.78%的县级政府能够全面公开本地区的义务教育招生方案、招生结果等信息，其中泰安市宁阳县能够及时发布义务教育阶段学校划片招生范围示意图，公众查阅相关信息更直观；83.94%的县级政府能够及时公开本地区职业教育学校名录、专业设置、骨干专业、特色专业等信息。

（4）医疗卫生信息公开工作扎实开展

省卫生健康委（原省卫生计生委）在部门网站设立了"医疗机构卫生专栏"，较为全面地公开了医疗卫生机构的收费、就医流程等信息，在信息公开目录中设立了"应急管理"目录，及时发布相关的医疗应急预案、疫情传播等信息。绝大多数市级政府和县级政府网站也设立了医疗卫生信息公开专栏或目录，其中，94.12%的市级政府和86.86%的县级政府能够及时指导本级医疗机构院务公开。改善医疗服务行动计划落实情况方面，省、市、县三级政府扎实推进，该项指标平均得分指数均较高。88.23%的市级政府和89.78%的县级政府能及时公开宣传改善医疗服务典型和成效，极大促进了医疗卫生行业健康发展。

（5）公共文化体育信息公开工作成效初显

加快推进文化体育信息公开，满足广大基层群众不断增长的文化体育活动需求，是推进公共文化体育信息公开工作的重要意义。评估发现，各级政府均能做好公开公共文化体育的服务保障政策、服务体系建设、财政资金投入和使用、设施建设和使用等基本信息工作。76.47%的市级政府和83.21%的县级政府能够不同程度地公开本地区的文化遗产保护、公共文化体育设施名录、政府购买公共文化体育服务的目录以及绩效评价结果等信息。安丘市政府立足本地区实际，从公共文化设施、公共文化惠民和服务活动、非物质文化遗产保护、政策文件等角度编制了精美的2018年公共文化服务目录，图文并茂，方便公众查询和了解。

（6）食品药品安全监督信息公开已成为常态

评估发现，各级政府食品药品安全监督信息公开方面整体情况较好，平均得分情况较为理想。原省食品药品监管局在部门网站建立了"食品抽检信息"专栏，定期公开食品抽检信息，方便公众查询。17市政府和91.24%的县级政府能够做到定期公开监督抽检信息，内容公开规范、合理、透明，全省食品药品安全监督抽检信息公开已步入常态。

（7）环境保护信息公开重视程度不断提高

评估发现，环境保护信息公开整体呈现良好态势，各级政府和相关部门均能在政府门户网站或部门网站建立相关的环境保护专栏，集中整合发布相关的环境保护信息。其中，建设项目影响评价方面，绝大多数评估对象都能够利用专栏目录或链接到政务服务网展示相关的环境审批信息。

省生态环境厅（原省环保厅）在部门网站建立了山东省城市环境空气质量发布、省控及以上企业环境监测信息发布、十七城市大气环境质量月排名、重点行业环境整治信息公开等专题专栏，公开了重点区域及主要城市空气质量、水源水质监测、污染源环境和环评信息。17市政府和81.75%的县级政府均能够主动公开本地区重点排污单位名录，并及时督促重点排污企业集中公开主要污染环境信息等基本情况。17市政府和81.75%的县级政府能够按月发布本地区环境空气质量状况。17市政府和81.02%的县级政府能够做到按月或季度公开本地区集中生活饮用水水源监测信息。省水利厅和17市政府、各县级政府均能够积极落实"河长制""湖长制"的要求，及时公开"河长制""湖长制"工作进展及河湖保护情况。

（8）灾害事故救援信息公开不断加强

评估结果显示，17市政府和95.62%的县级政府能够及时发布自然灾害、重大事故灾难、公共卫生事件等突发事件的应急处置与救援、医疗救护与卫生防疫、次生灾害预警防范等工作情况及动态信息；17市政府和97.08%的县级政府能够及时发布灾害救助需求信息，救助款物和捐赠款物的数量、使用情况，救助对象及其接受救助款物数额，灾后恢复重建工作进展等信息。如潍坊市政府能够积极利用灾害事故专栏，及时公开"温比亚"台风灾害救助相关信息。

2. 存在的问题

（1）部分领域信息公开方式有待进一步探索

整体来看，涉及民生的社会公益事业建设领域信息公开较为全面，但是部分领域信息公开方式还有待进一步探索，多数公开内容采用word或者Excel以附件的形式给予公开，导致信息量大，查询极为不便，例如，教育领域的招生结果信息，可以以查询的形式提供给检索者查询入口，方便公众查询。

（2）部分具有明显时间特征的信息发布时效性较差

空气环境质量、水环境质量、义务教育招生方案等信息具有较强的时效性，应按照时间和频率要求按时发布相关信息。评估发现，个别单位将全年的空气环境质量、水环境质量等信息在 12 月底以 Excel 汇总表格的形式公开；34 家县级政府未在 7 月底前公开本行政辖区内各义务教育学校的招生范围、招生条件、招生程序等信息。

（3）加快推进扶贫项目进展信息公开

评估发现，扶贫项目进展情况公开不够理想，个别评估对象针对扶贫信息专栏未进行分类，相关信息堆砌发布，不方便公众查询，专栏内扶贫下乡活动和相关新闻报道较多，对扶贫对象、帮扶措施、扶贫成效、贫困退出、扶贫项目进展情况等信息公开较少。根据评估统计，全省 137 家县级政府中，有 34 家未及时公开项目实施情况，相关扶贫项目名称、资金来源、实施期限、预期目标、实施结果、实施单位及责任人、举报电话、检查验收结果等信息不清楚。

（4）社会救助和社会福利基本数据信息有待进一步深化

定期及时公开社会救助统计数据，既能体现各级政府社会救助工作进展的持续性，也有助于社会监督。评估发现，部分评估对象的社会救助统计数据更新不及时，有的评估对象每半年更新一次，有的评估对象不定期公开。

另外，社会救助和社会福利补贴发放情况公开还有待完善，仅有45.25%的县级政府能够按照季度公开养老服务补贴、困难残疾人补贴、孤儿基本生活费等社会福利补贴发放情况，18.97%的县级政府未能够完全按季度更新社会救助和社会福利人数、标准及资金支出等具体内容。

（5）部分存在个人隐私泄露现象

评估发现，个别评估对象在社会救助统计和社会福利发放方面过度细化，公开了救助对象的身份证号码、手机号码等个人隐私信息。

（六）公共监管信息

1. 主要工作成效

（1）普遍设置专栏公开国资国企信息

省财政厅、省国资委、17市政府和绝大多数的县级政府能够按要求发布国资监管、国企运行有关信息。各市政府基本能够做到较为详细地公开市管企业主要经济效益指标、主要行业盈利、重大变化事项等情况，同时能够发布市属企业经营情况、业绩考核结果，国有资产保值增值情况、市属企业改革重组结果，市属企业负责人重大变动、年度薪酬，以及市属企业履行社会责任重点工作情况。另外，各评估对象还能够及时公示本地区内"僵尸"企业处置和亏损企业治理结果等信息。

（2）安全生产监管工作公开透明度显著提升

评估发现，省应急管理厅（原省安监局）、17市政府和大多数县级政府均不同程度地发布了安全生产事故信息和安全警示提示信息，公开了事故隐患挂牌督办信息、事故调查报告，同时做好常规检查执法、暗查暗访、突击检查、随机抽查等执法检查信息的发布工作。多数市政府还能够定期向社会公布安全生产不良记录"黑名单"。

（3）建筑市场监管专栏建设较好

省住房和城乡建设厅积极推进建筑市场监管与诚信信息公开，及时向社会公开发布2018年建筑市场综合执法检查情况。17市政府和多数县级政府能够设立建筑市场监管专题专栏，积极公开执法检查、建筑市场主体不良信用记录、黑名单记录等信息。临沂市建立了建筑市场综合监管信息化平台，提供了"监管动态""质量安全监管""信用查询"等模块，方便查询执法检查情况以及不良信用记录，增加了执法透明度。

2. 存在的问题

（1）部分县级政府国资国企信息发布不够全面

评估发现，大多数县级政府能够建立国资国企相关专题栏目，但部分单位栏目内往往没有区分信息类型，国企的各类信息都在同一个栏目下。少数单位仅公开了本地区国有企业简介信息，或仅公开了上级政府下发的国资监管、国企运营的相关政策性文件以及本地国有企业的新闻动态信息。部分县级政府公开的县管企业主要经济效益指标、主要行业盈利、县属企业经营情况、业绩考核结果、县属企业负责人重大变动、年度薪酬等内容往往不够全面细化。

（2）安全生产执法检查结果信息公开不足

评估发现，27.74%的县级政府虽然公开了常规检查执法、暗查暗访、突击检查、随机抽查等执法检查信息，但发布内容多是检查通知信息、会议部署信息以及执法检查的相关新闻信息，对执法结果信息的公开往往不够明确详细。另外，部分县级政府也未能定期向社会公布安全生产不良记录"黑名单"。

（3）建筑市场监管信息发布有待进一步规范化

评估发现，35.04%的县级政府未能设立建筑市场监管专题专栏，缺乏对信息的有效管理。少数单位在政府网站公开了建筑市场监管执法检查的通知文件、新闻动态，但是对监管检查情况、执法处理结果信息的公开不够全面。

三 依申请公开

近几年，我省各级政府依申请公开数量逐年增加，反映出了依申请公开制度在满足社会对政府信息的特殊需求和保障公众获得政府信息方面的重要作用。同时，由依申请公开引发的行政复议、行政诉讼问题也在不断增多，公众对于依申请公开工作的关注度不断提升，法律维权意识也在不断增强，这就要求各级行政机关进一步规范依申请公开工作。本次评估采用模拟暗访的方式，评估工作组以公民的身份，通过在线平台和快递方式向38家省政府部门、17家市政府（选取了2家市政府部门分别发送）和137家县级政府（选取了2家县级政府部门分别发送）发送政府信息公开申请，对各评估对象申请渠道的畅通性和答复的规范性进行了评估。

（一）渠道畅通性

1. 主要工作成效

（1）在线申请渠道普遍畅通

评估发现，36家省政府部门、17家市级政府和137家县级政府均开通了在线申请渠道或是提供电子邮箱接受在线渠道申请。评估工作组通过在线平台提交成功反馈信息或电子邮件发送成功提示信息确认，向36家省政府部门、17家市级政府和136家县级政府成功提交了政府信息公开申请，在线渠道总体畅通率达到了98.44%。

（2）信函申请渠道基本畅通

评估发现，38家省政府部门、17家市级政府和136家县级政府在政府信息公开指南中发布了本机关政府信息公开申请受理机构名称、联系电话、通信地址和邮编等信息接收信函渠道申请。评估工作组通过快递跟踪查询系统确认，38家省政府部门、17家市级政府和135家县级政府签收了寄送的政府信息公开申请，信函渠道总体畅通率达到了98.96%。

2. 存在的问题

（1）部分单位依申请公开在线渠道查询不可用

依申请公开制度是保障公众获取政府信息的重要制度之一，各级政府不应由于机构改革、网站改版等原因，耽误正常的申请处理工作，而出现履职"真空"。部分省政府部门和县级政府由于机构改革或网站改版升级，申请到期之后，使用之前的反馈码，无法在新的网站进行申请状态查询。评估结果显示，3家省政府部门和1家县级政府在线平台提交时出现错误或无法打开在线申请页面；3家省政府部门和2家县级政府所反馈的在线查询码不可用。

（2）部分单位公开指南未及时更新，信函渠道不畅通

《国办信息公开办关于规范信息公开申请接收渠道的意见》（国办公开办函〔2017〕19号）明确要求

"行政机关应当将本单位所开通的申请接收渠道及具体的使用注意事项,在政府信息公开指南中专门说明并向社会公告"。评估发现,2家县级政府部门公开指南,在评估数据期间多次尝试下载和查看,均显示网页错误;评估工作组按照公开指南提供的接收渠道信息,通过快递形式发送信函申请,有1家市级部门和2家县级部门由于无法与收件人联系等原因,直接将信函退回。还有个别县级政府部门,明确告知是依申请公开件,仍因为无具体联系人姓名而拒收。

(3)部分单位由于信函移送不及时导致答复超期

评估过程中,有单位向评估工作组解释,信函被传达室或其他部门接收,由于各部门之间衔接和沟通交流不足,导致信函没有及时移送至申请受理机构,导致了超期答复。

(二)依法答复

1. 主要工作成效

(1)多数单位能够在规定时限内及时答复申请

信函渠道方面,35家省政府部门、14家市级政府和107家县级政府能够在规定时限内答复申请,信函渠道按时答复率达到了81.25%;在线渠道方面,25家省政府部门、15家市级政府和123家县级政府在规定时限内答复了申请,在线渠道按时答复率为84.90%。

（2）多数单位答复规范性较好

在线申请渠道和信函申请渠道，评估工作组均要求各评估对象以电子邮件的形式回复。信函渠道方面，35家省政府部门、15家市级政府和107家县级政府能够按照申请人的要求，以电子邮件的形式进行答复，分别占92.11%、88.24%和78.10%；在线渠道方面，25家省政府部门、14家市级政府和119家县级政府能够按照申请人的要求，以电子邮件的形式进行答复，分别占65.78%、82.35%和86.86%。

（3）多数单位出具了较为规范的书面告知书

信函渠道方面，32家省政府部门、14家市政府和89家县级政府向评估工作组出具了加盖单位公章的书面告知书或扫描件，分别占84.21%、82.35%和64.96%。其中，31家省政府部门、13家市级政府和85家县级政府能够在告知书中明确告知救济渠道。

在线渠道方面，24家省政府部门、13家市级政府和105家县级政府向评估工作组出具了加盖单位公章的书面告知书或扫描件，分别占63.16%、76.47%和76.64%。其中，23家省政府部门、13家市级政府和101家县级政府能够在告知书中明确告知救济渠道。

2. 存在的问题

（1）仍有部分单位未能够在规定时限内答复

评估结果显示，18.75%（包含渠道不畅通的单位）的单位未能够在规定时限内答复信函渠道的申请，15.10%（包含渠道不畅通的单位）的单位未能够在规定时限内答复在线渠道的申请。甚至个别单位在评估结束时，评估工作组通过在线形式提交的申请，在线平台查询状态仍显示"未处理"。

（2）个别单位答复形式不规范

在线申请渠道和信函申请渠道，评估工作组均要求各评估对象以电子邮件的形式回复，部分单位仅在申请平台进行答复，而未以任何形式告知申请人已在平台答复；部分单位只在电子邮件中答复了相关内容，但未出具加盖单位公章的书面告知书或扫描件。

（3）部分单位答复内容存在文字性错误、法律依据不充分、救济渠道缺失等问题

首先，文字性错误问题。如某县级政府部门出具的告知书中将申请人姓名写错；评估工作组以信函形式发送的申请，部分单位在出具的告知书上写着"收到以在线形式提交的申请"。

其次，法律依据、理由不充分。个别单位在做出不予公开等对申请人不利的答复时，未告知不予公开的法律依据或理由。个别单位在引用法律依据时，仅使用"有关规定""相关规定"等，未完整引用具体条款，法律依据不够明确。

最后，救济渠道缺失或不全面问题。信函渠道申

请方面，15家省政府部门、3家市级政府和15家县级政府在告知书中告知了救济渠道，但未告知具体救济机关名称、地址。在线渠道申请方面，10家省政府部门、3家市级政府和22家县级政府未告知具体救济机关名称、地址。如某县级部门出具的告知书中，仅告知"可以申请行政复议或提起行政诉讼"，而未告知具体救济机关。

四 政策解读与回应关切

国务院在2016—2018年连续3年的政务公开工作要点中强调要加强政策解读与回应关切，且在2018年的要点中，对公开、解读、回应工作做出了更加细致的要求。本次评估主要是对各级政府政策解读专栏设置、解读材料发布、解读形式等政策解读情况，以及重要舆情回应、互动平台建设与应用等情况进行评估。

（一）政策解读

1. 主要工作成效

（1）栏目设置齐全，信息同源发布

做好信息发布和政策解读工作是新形势下加强和改进政府工作、更好地服务人民群众、推进社会治理水平提升的重要内容。评估发现，37家省政府部门、

17家市级政府和137家县级政府均在政府网站设置了专门的政策解读栏目，及时发布解读材料。同时，71.05%的省政府部门能够将解读材料同时发布在部门网站政策解读专栏与省政府门户网站政务信息公开政策解读栏目下，实现了信息的同源、同步更新，保障了群众的知情权。

（2）解读形式越发多样，分类公开更加便民

政策解读旨在提高社会公众对政府政策及政府规章的知晓度，加深公众对政府行为的理解，为政府决策提供依据，增强政府行为的科学性、合理性，增强政策执行的有效性。2016年和2017年的评估结果显示，多数市级政府和县级政府以文字解读、网站发布的形式为主。2018年，各市级政府和各县级政府积极探索多种解读方式，利用政府例行新闻发布会、政府新闻办公室新闻发布会解读政策文件的形式逐步趋于常态化，数字化、图表图解等解读方式也越来越迎合公众需求。同时，威海、潍坊、泰安等市政府根据解读形式将解读材料进行分类，进一步提升了文件查找的便利性。

（3）文件关联性不断增强，政策解读工作发挥实效

增强政策文件与解读材料的关联性是政务公开向更加便民方向发展的一项重要措施。评估结果显示，

60.53%的省政府部门、88.24%的市级政府和58.39%的县级政府能够采用在政策文件页面底部提供解读材料链接或解读材料附件下载等方式实现政策文件和解读材料的相互关联。

2. 存在的问题

(1) 解读范围有待进一步扩大

《国务院办公厅印发〈关于全面推进政务公开工作的意见〉实施细则的通知》(国办发〔2016〕80号)明确要求,对涉及群众切身利益、影响市场预期等重要政策,各地区各部门要善于运用媒体,实事求是、有的放矢开展政策解读。评估发现,各单位普遍对于本级政府或部门发布的规范性文件解读较好,基本达到了全部解读,但对于涉及群众切身利益、影响市场预期的非规范性文件的解读力度不足。

(2) 政策文件与解读材料的关联性仍有待提升

评估结果显示,39.47%的省政府部门、11.76%的市级政府和41.61%的县级政府未能够提供政策文件页面与解读材料页面的相互关联入口。

(3) 政策解读方式方法应更具有吸引力

围绕涉及民生热点的重要政策、举措的出台,各级领导干部要通过发表讲话、撰写文章、接受访谈、参加发布会等多种方式,带头宣讲政策,传递权威信息,主动引导舆论。在政策解读中,不仅要说清楚

"怎么看"的问题，同时要回答"怎么办"的问题，解读不能只用写文章、答记者问、一两句话的随机采访来进行，还要有一些比较新的、比较活的、群众喜欢的、能听进去的、传播面比较广的解读方式。要面向不同的社会群体，开展不同形式的政策解读，让政策家喻户晓。

(4) 解读材料发布渠道有待丰富

近年来，公众利用互联网表达心声已成为新常态。在评估过程中也发现，部分评估对象解读材料仍然以政府网站发布为主，利用政务微博、微信等群众喜闻乐见的社交化媒体发布解读材料的情况较少。政策解读应充分利用微博、微信等社交化媒体的互动优势，凝聚网民广泛参与，在互动中加深公众对政策的理解，创新对外表达形式，拓宽政策解读的渠道。主动适应网络受众的接受习惯和话语方式，做好信息发布和政策解读工作，以"网络面前人人平等"的态度，站在网民的角度和立场来思考问题和阐发信息，与网民平等地对话和互动，把我们想说的、想做的告诉他们，并让他们愿意看、喜欢听、乐意传。

(5) 部分评估对象仍以转载上级解读材料为主

评估发现，部分县级政府政策解读专栏发布内容仍以转载国家、山东省以及市级政府相关解读材料为主，对本级政策文件解读较少，且存在个别县级政府政策解读栏目下无本级的政策文件解读信息。

（二）回应关切

1. 主要工作成效

（1）搭建统一的互动交流平台，做好基础保障工作

为加强与公众的互动交流，倾听民意，畅通监督渠道，各单位积极在政府网站搭建统一的互动交流平台，与民众进行全方位、多角度的沟通。评估结果显示，所有省政府部门、17市政府和所有县级政府均在政府网站搭建了统一的互动交流平台，且各部门使用政府门户网站统一的互动交流平台，初步实现了留言评论、在线访谈、征集调查、咨询投诉等功能。

（2）多数单位互动交流栏目办理过程公开透明

多数单位能够在咨询建议、投诉举报等栏目中，明确显示办理状态及答复内容，使公众了解所咨询业务的办理进度，也让互动交流的过程更加公开透明。

（3）积极开展"政府开放日"主题活动，拉近政府与群众距离

评估结果显示，9家省政府部门、12家市级政府和85家县级政府聚焦重要民生事项，在政府网站发布了有关开展以"食品安全""普法"等为主题的机关开放日活动的信息，有效推动机关工作的深入开展，

鼓励民众走进机关政府，深入了解机关单位关于民生工作的运转机制与状况，提高民众对于机关工作的知晓度与满意度。如省司法厅围绕"弘扬宪法精神　走进司法行政"主题，举办了首届开放日活动，有效提升了司法行政工作的社会认知度和群众满意度。

2. 存在的问题

（1）互动交流平台"重建设、轻应用"的问题仍然存在

评估发现，个别县级政府门户网站互动交流栏目建设技术导向特征明显。部分栏目出现了不可用的现象；部分互动栏目公众参与度较低，公众留言较少。

（2）部分单位未全面公开咨询建议答复和投诉举报反馈情况

评估发现，部分省政府部门在政府网站互动交流平台未能够及时全面公开咨询建议答复和投诉举报的反馈情况；部分县级政府未能及时更新咨询建议答复和投诉举报反馈情况，已经公开的部分时间跨度较大。

五　政务公开保障机制

政务公开工作是否能够达到预期效果，取决于能否做好保障监督工作。"政务公开保障机制"指标主要从政府网站平台建设、基础建设和组织管理等方面，

评估省政府部门、17市政府和各县级政府的保障监督机制建设情况。

（一）平台建设

1. 主要工作成效

（1）政府网站建设规范，多数检索功能实用性较强

政府门户网站是政务公开第一平台，我省政府网站建设已经逐步迈入集约化建设阶段。评估发现，38家省政府部门、17市政府和137家县级政府均建有政府网站。由于评估期间正值省政府部门机构改革，省政府部门也积极配合，不断调整优化、升级改版部门网站。

在政府网站信息资源持续丰富的前提下，设置便捷有效的站内检索功能是非常有必要的。评估结果显示，38家省政府部门、17市政府和137家县级政府均在政府网站提供了检索功能。部分政府网站在提供站内检索的同时，在相应信息发布较为集中、公众关注度较高的栏目下，还设置了栏目内检索，进一步方便了用户对信息的精准检索。在检索功能实用性方面，92.11%的省政府部门、76.47%的市级政府和64.96%的县级政府搜索功能实用性较强，搜索关键词与网站检索结果匹配度较高。

(2) 政务新媒体建设趋于规范化发展

政务新媒体逐渐成为各级政府推进政务公开、优化政务服务、凝聚社会共识、创新社会治理的重要渠道，在塑造政府形象、引导网上舆论、回应社会关切、服务群众办事、提高社会治理能力等方面发挥着越来越重要的作用。2019年1月，省政府办公厅印发了《关于推进全省政务新媒体健康有序发展的通知》（鲁政办发〔2019〕3号），明确提出：推动建成覆盖全省的政务新媒体矩阵，发挥集群效应。……形成全省政务新媒体规范发展、创新发展、融合发展新格局。

2018年，全省政务新媒体建设和应用管理日趋规范，服务功能也逐步完善。评估结果显示，38家省政府部门全部开通了政务微博或微信，并在部门网站提供了相应的微博链接或公众号二维码；17市政府均开通了政务微博和微信，并在部门网站提供了相应的微博链接和公众号二维码，14家市级政府开通建设了客户端，并提供了相应的下载链接；121家县级政府开通了政务微博，132家县级政府开通了政务微信，并在部门网站提供了相应的微博链接或公众号二维码。

政务新媒体信息发布方面，92.11%的省政府部门、17市政府和85.40%的县级政府能够及时发布与本部门、本地区实际工作相关的信息，且充分发挥政务新媒体在信息发布、政务服务、政民互动方面的作用。

（3）多数政府实现了政府公报数字化

根据《国务院办公厅关于做好政府公报工作的通知》（国办发〔2018〕22号）要求，"其他市、县级人民政府可结合实际积极探索创办政府公报，地方政府所属部门以及乡镇政府、街道办事处不办政府公报"。本次对市、县两级政府公报发行和数字化情况进行了评估，其中对县级政府的评估，作为鼓励创新的引导性指标。评估结果显示，17市政府和75.91%的县级政府定期编发并在门户网站发布了2018年政府公报的电子版，并且17市政府和62.04%的县级政府能够将创刊以来的历年政府公报实现数字化，在门户网站提供在线浏览和下载查看功能。

2. 存在的问题

（1）部分政府网站栏目设置有待规范

《通知》强调，"要把重点领域信息公开纳入主动公开基本目录，持续加以推进"。评估发现，部分县级政府公开目录未将重点领域信息公开纳入主动公开基本目录；部分单位出现重复栏目或多栏目现象，导致网站建设与目录建设脱节，如某县级政府在"政务公开"栏目下设置了"环境保护"专题专栏，公开目录下也有"环境保护"的重点领域信息公开目录，但两个栏目下发布的内容不尽相同；部分政府网站仍存在明显错别字的情况，如某县级政府网站信息标题和内容不一致，标题为"《关于加快推动国有企业改革发展的实施意见（征求意见稿）》公开向社会征集意见"，实际内容显示为"《关于进一步做好当前政务公开工作的通知（征求意见稿）》"。

（2）部分网站检索功能有待进一步细化

按照检索功能划分，政府网站的检索可分为全文检索、标题检索和高级检索三种。评估发现，部分单位仅提供了全文检索或仅提供标题检索，并未提供高级检索，从而造成了检索的查准率极低。

检索范围方面，部分网站由于"政务公开"专栏是独立检索的专栏，站内检索的范围仅限通知公告、工作动态等，而未将"政务公开"栏目内容纳入检索范围，评估工作组在检索时，无法检索到政府信息公开目录下的相关信息。

检索结果方面，检索结果可用性和精准度方面，部分网站检索结果仅提供了按照更新度排序，而未提供按照相关度排序的功能；部分网站检索结果未提供结果的分类，从而无法得知每条检索结果的出处和所属板块，这都在一定程度上增加了用户查找到自己所需信息的难度。

（3）部分政务新媒体运营管理有待加强

评估结果显示，我省政务新媒体发展迅速，多数单位都开设了本级政府机构的政务微博、微信或客户端等，但在运营管理方面，部分还存在着一些问题。如部分政务新媒体功能定位不清晰，以单向的信息发布为主，与网友的互动交流极少，且发布内容多是照搬文件，更新速度慢，时效性较差。

（二）基础建设

1. 主要工作成效

（1）公开目录设置普遍较为规范

组织编制本行政机关的政府信息公开指南、政府信息公开目录和政府信息公开工作年度报告（以下简称"年度报告"）是政府信息公开工作机构的职责之一，且信息公开目录应与网站文件资料库、有关栏目内容关联融合，可通过目录检索到具体信息，方便公众查找。评估发现，38家省政府部门、17市政府和137家县级政府均在政府网站设置了政府信息公开目录。其中，38家省政府部门、17市政府和124家县级政府能够将信息公开目录与网站栏目建设统筹考虑、融合部署。

（2）部分市级政府统一了全市的公开目录

市级政府的指导、协调、推进是全面提升基层政府政务公开整体水平的重要环节。评估发现，由市级政府统一规范全市各级政府信息公开目录的做法取得了良好的成效。如潍坊、威海、德州等所辖县（市、区）政府均由市级政府统一了公开目录，各县（市、区）政府评估总得分均较高。

（3）多数单位能够及时更新公开指南

评估结果显示，97.37%的省政府部门、17市政府和94.89%的县级政府能够在政府网站发布本级政府机构的政府信息公开指南，并全面涵盖了政府信息的分类、编排体系、获取方式，政府信息公开工作机构的名称、办公地址、办公时间、联系电话、传真号码、电子邮箱等内容。

（4）基本能够按要求发布年度报告

年度报告是行政机关对本机关上一年度政府信息公开工作的总结，是考察和评价其政府信息公开工作成效最重要的信息来源和依据。评估结果显示，97.37%的省政府部门、17市政府和95.62%的县级政府能够在2018年3月底之前在政府网站公开本级政府机构2017年年度报告，内容涵盖了行政机关主动公开政府信息的情况，行政机关依申请公开政府信息和不予公开政府信息的情况，政府信息公开的收费及减免情况，因政府信息公开申请行政复议、提起行政诉讼的情况，政府信息公开工作存在的主要问题及改进情况。17市政府和84.67%的县级政府还能够建立统一平台，整合各部门年度报告并统一发布。

2. 存在的问题

（1）公开目录检索有待进一步重视

《政府网站发展指引》明确要求，信息公开目录要与网站文件资料库、有关栏目内容关联融合，可通过目录检索到具体信息，方便公众查找。评估发现，由于缺乏统一的政府信息公开目录分类标准，部分单位公开目录体系分类缺乏规范，如某县级政府公开目录的主目录下设置了"财政预决算"目录，又在"重点领域信息公开"目录下设置了"财政信息"目录，两个目录下发布的内容均为财政预决算信息，在目录内容定位和组配项逻辑关系上有一定的问题，当然这与每年盲目照搬评估指标也不无关系。

（2）个别单位公开指南发布位置不一，部分要素缺失

评估发现，个别县级政府未发布本级政府的公开指南，如某县级政府"公开指南"链接打开后，为县环保局的公开指南，而没有发布本级政府的公开指南；部分单位在政府网站设立了"公开指南"栏目，但其中发布的信息多是各部门的政务服务或公共服务的办事指南，而非公开指南；部分县级政府将本级政府和县级部门、街道办事处等指南全部堆放在一个目录下，查找极其不便。

《条例》第十九条明确规定，政府信息公开指南应包括政府信息公开工作机构的名称、办公地址、办公时间、联系电话、传真号码、电子邮箱等内容。评估发现，部分单位在指南中没有明确本级政府信息公开

工作机构的相关信息；还有部分单位已经开通了在线申请平台，但公开指南中未对在线方式进行说明，且未提供在线平台的链接。

（3）部分单位政府信息公开工作年度报告内容不够全面

《山东省人民政府办公厅关于做好人大代表建议和政协提案办理结果公开工作的通知》（鲁政办字〔2016〕63号）明确要求，"建议和提案办理结果公开情况，要作为政府信息公开工作年度报告的内容"。评估结果显示，55.26%的省政府部门（不排除存在2017年内没有办理建议提案的部门）、11.76%的市级政府和32.85%的县级政府未将建议和提案办理结果公开情况纳入2017年政府信息公开工作年度报告。

（三）组织管理

1. 主要工作成效

（1）多数单位能够按照培训计划有序开展业务培训

《意见》要求，抓好教育培训……力争3年内将全国从事政务公开工作人员轮训一遍。评估发现，55.26%的省政府部门、17市政府和70.07%的县级政府能够发布本级政府或本部门的政务公开业务培训计划，并按照计划开展或参加政务公开业务培训。

（2）多数能够及时发布政务公开工作实施方案

评估发现，94.74%的省政府部门、17市政府和90.51%的县级政府按照《通知》的部署要求，及时发布了本部门、本级政府政务公开实施方案或工作措施。

（3）部分能够结合本地区实际制定年度工作实施方案

2018年，省政府办公厅印发了《山东省推进重大建设项目批准和实施、公共资源配置、社会公益事业建设领域政府信息公开任务分工方案》，本次评估，重点评估了各单位实施方案是否针对重大建设项目批准和实施、公共资源配置、社会公益事业建设领域公开要求，结合本地区实际情况，落实上级有关工作安排。评估结果显示，26.32%的省政府部门、47.08%的市级政府和62.77%的县级政府的实施方案或工作安排能够与本部门、本地区业务实际紧密结合。

2. 存在的问题

（1）专门机构和专职人员配置不到位

从全省来看，市级和县级政府普遍存在政务公开工作分散管理，机构名称不规范、不统一等问题。部分县级政府即便有专门机构，但人员流动性较大，也普遍没有专职人员。

（2）部分单位业务培训力度有待进一步加强

评估结果显示，44.74%的省政府部门和29.30%

的县级政府未在政府网站发布本部门或本级政府开展政务公开业务培训相关信息。

（3）个别单位年度工作实施方案未注意时效性

年度政务公开工作实施方案是各级政府部署全年政务公开工作的文件，应当在上级发布之后及时发布，增强实施方案的时效性。评估发现，部分单位未及时发布年度工作实施方案，如某县级政府在2018年12月发布了《2018年政务公开工作实施方案》，方案失去了时效性。

（4）部分实施方案与本地实际结合不够紧密

根据《通知》要求，各单位要结合各自实际，制定具体实施方案或工作安排，并在政府网站公开。评估发现，部分单位制定发布的工作实施方案与本地实际结合不够紧密、针对性不强。个别单位没有发布年度政务公开工作实施方案或工作措施；部分单位的实施方案大而空，过于宏观，而没有具体的实际内容，也没有体现年度政务公开工作的重点内容；个别单位甚至将不属于本部门的相关业务也写入了本年度的实施方案中。

第四章 政务公开工作创新案例

一 统筹协同推进类创新案例

(一)省财政厅设立预决算公开平台,提升财政透明度

省财政厅在部门网站设立了"山东省预决算公开平台",如图12所示,集中发布"山东省政府预算""山东省政府决算""省直部门预算""省直部门决算""专项资金信息"等财政信息,极大提升了我省财政透明度。

政府预决算公开方面,及时公开了2018年省级预决算报告和草案,在一般公共预算支出细化到功能分类项级科目的基础上,将一般公共预算、政府性基金预算、国有资本经营预算支出全部细化到政府经济分类款级科目,政府债务限额和余额细化到一般债务和专项债务,相关文字说明更翔实,公开内容更全面、细致。

图12 省财政厅"山东省预决算公开平台"专栏

部门和"三公"经费预决算公开方面,公开部门达到127个,涵盖了除涉密部门以外所有使用财政拨款的省级部门。在原有预算表格和文字说明的基础上,新增加按政府预算支出经济分类编制的财政拨款基本支出预算,达到了"范围完整、内容细化、质量提升"的预期效果。

市县预决算公开方面,指导全省17市和137家县(市、区)全部在规定时限内公开了本级政府预决算、部门预决算和"三公"经费预决算,实现了公开范围全覆盖。同时,部分县(市、区)还将公开范围纵向延伸,公开了乡镇级预决算,财政透明度进一步增强。

专项资金信息方面，及时公开了"省级财政专项资金目录"。要求各部门积极公开专项资金管理制度、分配因素和公式、申报指南、分配结果、绩效评价等信息，并对部分省级重点专项资金2018年绩效目标指标情况进行了公开，实现了由"晒数据"到"亮绩效"的转变。

（二）省自然资源厅建立完善征地信息公开平台，协调推进全省征地信息公开

为彻底解决征地信息主动公开内容不全面、不及时，获取信息不便捷等问题，省自然资源厅在参考地方平台建设经验的基础上，统筹考虑了省、市、县三级征地信息公开工作需求，依托全省国土资源主干网、建设用地审查报批系统，以方便群众信息获取、便于操作和系统管理为导向，支持省、市、县三级共享和网上多种条件查询。

"山东省征地信息公开查询系统"实现了全省征地信息"统一发布、自助查询、实时监管"和省、市、县三级共享。组织市、县（市、区）及时发布征地批复文件、征地相关公告、补偿安置方案、征地补偿标准、国家有关征地管理政策等信息，取得了良好社会效应。从2017年7月1日起，省、市、县征地信息统一由省级平台发布，征地公告、补偿安置方案等信息须在批准或形成生效后10个工作日内公开。

图13 山东省征地信息公开查询系统

（三）枣庄市薛城区建立"全员办政务公开"工作协调推进机制

创新全员参与机制。为改变政务公开工作"单打独斗、力量薄弱"的被动局面，薛城区全面推行"全员办政务公开"，调整充实区政务公开推进工作领导小组，成员单位由10个增加至21个，在区政府下设政务公开推进工作领导小组办公室，由1名副科级干部担任领导小组办公室主任，负责协调落实全区政务公开工作。区政府办公室率先实行全员办政务公开工作模式，整合6个科室，建立信息中心、调研室、信息室、督查室、法制办、电子信息公开办信息共享机制，设立网络平台，共享信息，并定期召开联席会议。目前，全区落实全员参与政务公开工作模式的单位在85%以上。

优化全员培训模式。改变"大忽隆式"全员培训模式，强化培训针对性、互动性，开展全区政务公开业务人员小班化培训，共举办培训班4期、培训单位53家。各镇街、各部门在参加区政府举办的培训班后，分别召开政务公开专题培训会议或举办内部培训班，形成了"单位一把手总牵头，分管负责同志靠上抓，各科室对应提供有关素材，单位办公室负责统筹、汇总"的格局。同时，为更好地拓宽政府办政务公开参与人员思路，区政府办公室先期组织调研、信息、督查、公开办等科室及部分重点部门赴诸城、昌乐等先进地区考察学习，通过学习有力推动全区政务公开业务培训工作的有的放矢。

落实全程跟踪排查。注重公开内容质量，以公开行政机关的文件、业务数据和执法文书为重点，在区政府落实专人每天"读网"，实施微信工作群提醒法，对上传内容不准确、栏目不对应的单位通过微信工作群提醒完善，对工作落实好的予以表扬，有效防止了部分单位发一些动态信息"滥竽充数"。针对部分单位存在工作机制不畅、业务操作不熟练、发布内容不规范、上传时效滞后等问题，拉出问题清单，成立专项工作督导组，由区政府办公室副主任带队，开展集中上门督促指导。对问题突出、整改不力的单位，现场下达整改清单，限期整改。目前，已上门督导单位20余家，下达整改清单20余件，整改问题300余个。

二 以公开促落实类创新案例

（一）潍坊市设置专题专栏集中公开国家、省重大决策部署执行落实情况

为全面集中展示潍坊市贯彻落实国家、省重大决策部署执行落实情况，潍坊市政府信息公开专栏设置了新旧动能转换、乡村振兴、经略海洋、防范化解重大风险四大专题，集中展示潍坊市落实国家、省重大决策部署的进展情况、成效举措、督查整改及落实评估情况，方便公众监督和查阅。

为认真落实"三大重点领域"信息公开新要求，同步设置了公共资源配置领域、社会公益事业建设领域、重大建设项目批准和实施领域信息公开三大专题，实现与群众生产生活密切相关领域信息集中发布、集中展示、集中查阅。

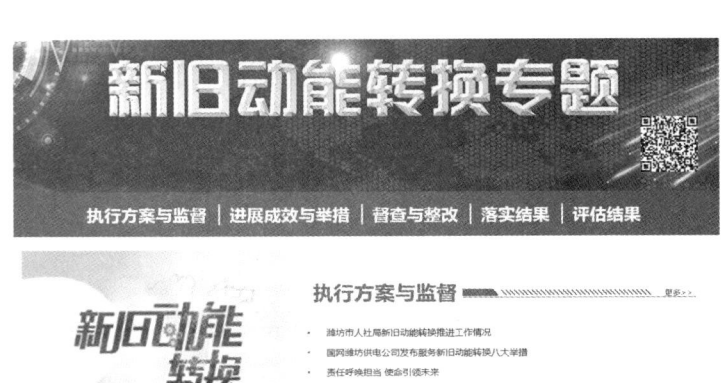

图 14　潍坊市重大部署信息公开专栏

图 15　潍坊市"三大重点领域"信息公开专栏

(二)滨州市举办"政务公开面对面"政府开放日活动

为进一步加大政务公开工作力度,扩大政务公开社会影响力,努力建设阳光、透明、开放、服务型政府,增进政府与公众的沟通联系,2018年11月21日上午,滨州市开展了首个政府开放日活动。

开放日活动邀请了在滨州市工作、生活、学习,关心滨州市经济社会发展且年满18周岁具有完全民事行为能力的公民代表参加,主要包括基层"两代表一委员",劳动模范、道德模范及各行各业先进人物代表,基层群众,引进人才、创业者、职工代表、网民代表等,共计30人参与了活动,滨州市各县(市、区)派1名代表全程参与了观摩。

代表们参观了市级重要政务服务场所(市政务服务中心、市公共资源交易中心、市大数据中心)。

市政府分管副秘书长主持召开了座谈会,市政府有关领导向代表们介绍了市政府组织架构、工作规则、2018年全市经济社会发展情况、2018年重大民生实事及进展情况,并面对面征求代表意见,答疑解惑。

在座谈过程中,代表们积极就教育、医疗、物业管理、政务服务环境改善等方面提出了许多意见建议。

对于代表们的问题，能当场解答的现场给予了解答，暂时不能解答的进行记录，在3个工作日内以书面形式进行答复。整个活动过程通过滨州网、阳光滨州政务微博全程直播。

图16 滨州市"政务公开面对面"政府开放日活动

对这次政府开放日活动，代表们给予了高度评价，认为充分体现了滨州市政府对政务公开工作的高度重视、建设阳光透明廉洁服务型政府的努力、积极主动接受社会对政府工作进行监督的勇气与信心。

市政府有关领导就代表们对政府工作的关心、支持表示了感谢，他表示，随着经济社会的发展，政府职能转变正在不断加速，阳光政府、法治政府、廉洁政府、服务政府建设正在全面推进，我们必须积极主动地以各种方式邀请和接受公众的参与和监督，听取民意、汇聚民智、发挥民力，完善政府的各项工作，提升政府效能效率，推动滨州市科学发展、和谐发展、超越发展。

（三）青岛市继续深化"三民"活动和网络在线问政

青岛市委、市政府一直注重加强服务型政府建设和创新社会治理模式。早在1999年，市委、市政府门户网站——青岛政务网就开通了"市长信箱"，率先在政府与社会公众之间架起了一座有别于传统方式的信息化桥梁，成为全国最早利用互联网进行政民沟通的城市。2005年，市委、市政府又前瞻性地认识到网上政民沟通所具有的高效、公开、节约、覆盖面广等优势，积极先行先试，在青岛政务网开展了"在线访谈"，不定期组织有关部门负责人就社会公众关注的热点问题上网回应。

2018年，坚持听民意、聚民智，立足惠民生、谋发展，畅通政民互动渠道，着力提升"三民"活动实效。12月15日和16日，市政府45个部门通过电视直播向全体市民报告一年工作完成情况，1万名市民代表在会议现场听取报告并进行评议，评议成绩纳入全市综合考核。征集市民意见建议6106件，全部按期办复并统一反馈，评选出 45 条优秀建议向社会公开。

图 17　青岛市门户网站"网络问政"栏目

全年组织开展"网络在线问政"413 场次，解答网民提问 1.1 万个，媒体报道 120 篇次。通过多种途径加强政府信息传播，努力做到让社会公众"看得到、听得懂、易获取、好参与、能监督"。

三　以公开促规范类创新案例

（一）烟台市政府出台《政府信息主动公开基本目录》

为认真贯彻落实上级部署要求，扎实推进全市政务公开工作，烟台市政府办公室近日正式印发了《烟台市政府信息主动公开基本目录》（烟政办发〔2018〕33号）（以下简称《目录》）。

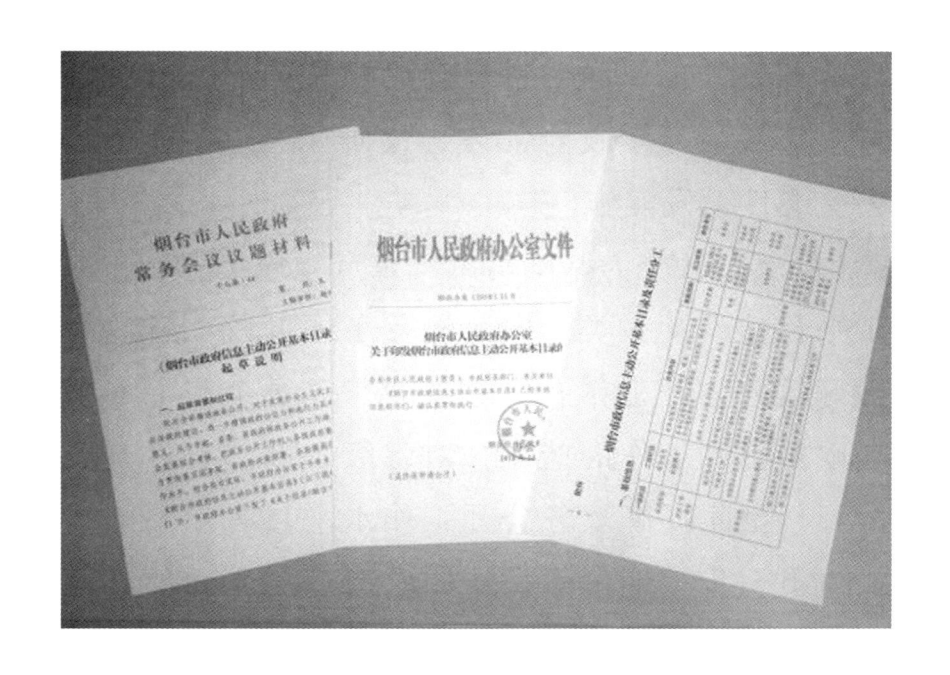

图 18　烟台市《政府信息主动公开基本目录》

2018年8月，烟台市政府办公室正式启动了《目录》草案的编制工作，通过认真研究政务公开相关行政法规文件和往年全省政务公开考核指标体系，详细分解"三大重点领域"信息公开要求，结合市政府工作实际，梳理出4个方面、29个一级栏目、102个二级栏目，共计181项主动公开事项。9月上旬，下发《关于征求〈烟台市政府信息主动公开基本目录〉意见的通知》，向市政府各部门、有关单位广泛征求意见，与重点领域22个牵头部门进行了点对点、面对面沟通，结合部门业务工作，共同研究目录公开事项，对《目录》进行反复修改。10月下旬，结合省政府办公厅政务公开工作评估考核有关要求，对《目录》又进行了完善，经市政府常务会议研究通过，以市政府办公室文件下发实施。

《目录》共分为基础信息、重点领域信息、专栏信息、平台建设4大类，内容涵盖了国务院、省政府关于做好政务公开工作有关文件要求，是全市上下全面开展政务公开工作的蓝图，对各级各部门有效开展政务公开、全面提高政务公开工作水平具有重要的指导意义。下一步，烟台市将按照政府信息主动公开基本目录总体要求和责任分工，切实抓好各项工作落实，推动全市政务公开工作全面有序开展。

（二）德州市政府统一市县两级政府网站公开平台

2018年，德州市政府信息公开工作稳步推进。以市政府网站群、县（市、区）网站群和《德州市政府信息公开目录》平台建设为重点，督导各县（市、区）和市政府部门进一步加大政务公开力度，全面推进决策、执行、管理、服务、结果"五公开"，加强解读回应，扩大公众参与，提升政府的执行力与公信力，公开透明的政府形象更加彰显，赢得了人民群众更多理解、信任和支持。

认真落实《政府网站发展指引》(国办发〔2017〕47号),加大网站抽查力度,实现常态化抽查通报,每月、每季度对全市政府网站进行全面检查和不定时抽查,制作开设了政府网站普查专题,及时发布公开抽查结果,德州市连续四个季度全部合格,未被国办和省府办通报。

加强政府网站内容建设,对网站群检索功能进行优化部署,确保信息资源进行及时公开,加大政府网站与政务服务平台的整合力度,实现前端对接,数据互通,栏目联动。严格规范网站开设流程,制定了网站业务申请表,按照单位实际需求进行审核、批复和开设,同时规范网站名称7个,整改规范域名16个。

大力推进政府网站建设集约化,关停网站454个,整改整合网站120个,配置网站群信息发布审核流程和信息推送方式,实现了内容一体化管理和发布。积极推进政府网站部署互联网协议第六版(IPv6),年内完成门户网站相关改造工作。

(三)滨州市构建市县统一平台,大力推进重大建设项目信息公开

重大建设项目较为明显地影响着一个地区的经济发展,且多数与民生利益密切相关,为社会和公众高度关心关注。2018年，滨州市政府将重大建设项目作为重中之重，建立专题，专门培训，专项调度，有力推进了重大建设项目信息规范公开。

一是建立重大建设项目专题。围绕2018年滨州市级11个重点工程项目，以工程名称为目录建立起重大建设项目专题，每一个工程下面按照工程从批准到竣工审计运行流程设置二级公开目录，打开一个工程名称，就知道这个工程进展到什么程度，公开了哪些信息，极大地方便了公众查询。

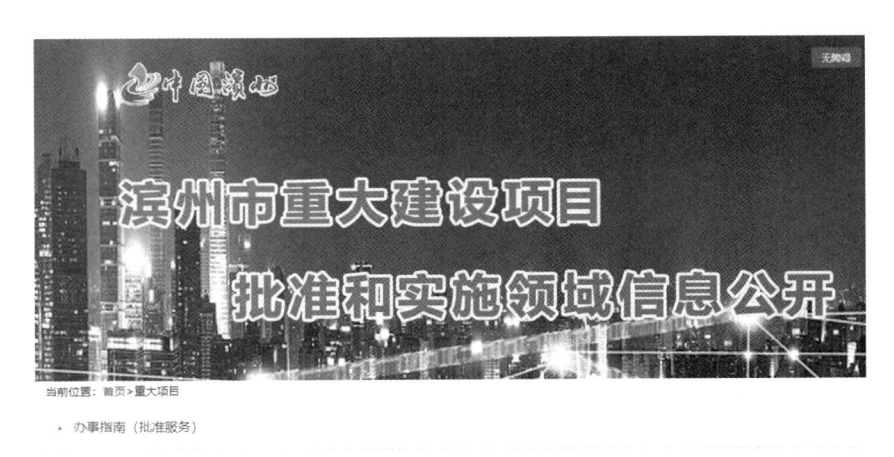

图19 滨州市政府门户网站"重大建设项目"专栏

二是开展重大建设工程专题培训。在建设专题的基础上，组织与项目信息相关的16个职能部门召开专题培训会，一是明确责任单位，谁的信息谁认领，确保每个项目每个环节的信息都有唯一的责任单位；二是明确每个环节信息公开的标准、时限，确保应公开信息及时准确规范公开。

三是加强督导。定期对重大工程建设专题信息维护情况进行检查督导，对更新可能不及时的进行专项调度，对公开过程中遇到的困难及时协调解决。

（四）临沂市优化政府网站建设，创新政策解读方式

临沂市研究制定《临沂市政府网站无障碍辅助工具解决方案》，在市政府网站首页设置无障碍辅助工具，可通过调整文字大小、页面大小、十字光标、放大镜功能、纯文本模式、自动朗读、翻译、手写等功能来浏览网站信息。通过无障碍辅助工具，可以使视障人士、老年人、未成年的幼儿、外国人士（英语）无障碍地浏览网站发布的信息内容。

临沂市创新政策解读方式，在做好"两微一端"等新媒体发布政策解读的同时，充分发挥传统纸媒作用，通过"报网融合"，打造政务公开发布融媒体新阵地。

图20 临沂市政府门户网站无障碍浏览

图21 临沂市《临沂日报》的"政务公开 权威发布"专栏

2018年以来,临沂市人民政府办公室通过在市委机关报《临沂日报》上开设"政务公开 权威发布"专栏,并通过数字日报、政府网站同步联动,实现政务公开工作的"报网融媒体"多渠道宣传。栏目自2018年1月问世,市政府采取政府购买服务方式,目前已出版20多期,共刊发各类政务公开稿件近120篇。

(五)省教育厅发布主动公开基本目录

2018年5月,省教育厅启动了主动公开基本目录编制工作,经过近2个月认真细致的工作,已完成编制并公开向社会发布。

省教育厅主动公开基本目录共分三级,其中一级目录27条,二级目录119条,三级目录247条,内容包括机构职责、学校名录、政务服务、法治建设、干部人才、规划统计、经费管理、各级各类教育、教师工作、学校安全、学校思想政治工作、语言文字工作等,范围覆盖全面、分类科学规范、粒度粗细适中、责任分工明确。

省教育厅部门网站按照省政府办公厅的统一部署向全省政府网站统一技术平台整合迁移后,将以主动公开基本目录作为网站的主体频道结构,进一步推动政务公开工作制度化、规范化、标准化。

同时，省教育厅决定在全省教育系统全面推行主动公开基本目录制度，要求各市教育局和省属高校在2018年年底前完成本单位主动公开基本目录编制并通过门户网站对外发布，具备条件的，提倡以目录作为本单位门户网站的主体频道结构。

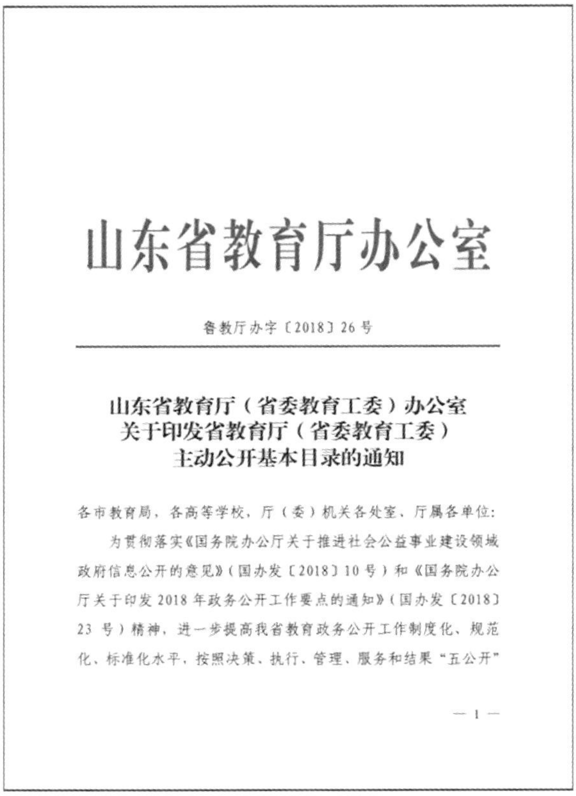

山东省教育厅办公室

鲁教厅办字〔2018〕26号

山东省教育厅（省委教育工委）办公室
关于印发省教育厅（省委教育工委）
主动公开基本目录的通知

各市教育局，各高等学校，厅（委）机关各处室、厅属各单位：

为贯彻落实《国务院办公厅关于推进社会公益事业建设领域政府信息公开的意见》（国办发〔2018〕10号）和《国务院办公厅关于印发2018年政务公开工作要点的通知》（国办发〔2018〕23号）精神，进一步提高我省教育政务公开工作制度化、规范化、标准化水平，按照决策、执行、管理、服务和结果“五公开”

— 1 —

图22　山东省教育厅主动公开基本目录的通知

四 以公开促服务类创新案例

(一) 潍坊市引入政策解读语音播报功能,实现解读材料无障碍浏览

潍坊市政府积极健全完善政策解读方式,设置主要负责人解读、新闻发布会解读、数字图文解读、音视频解读,丰富解读形式。

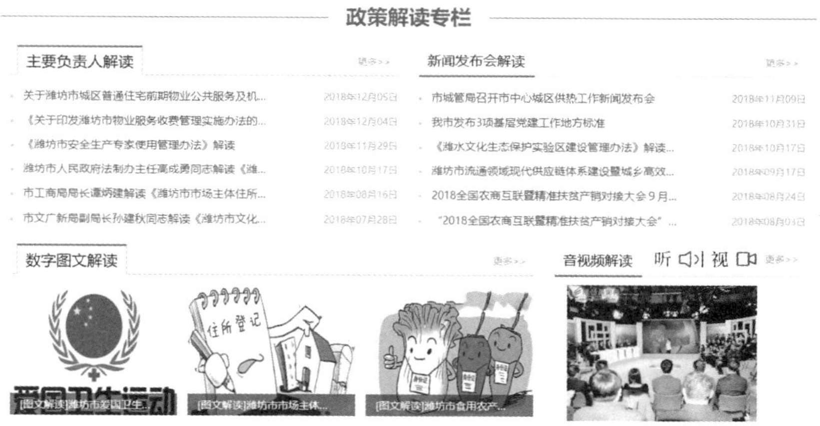

图23 潍坊市政府门户网站"政策解读"专栏

引入政策解读语音播报功能,公众能够直接聆听政策文件解读内容,使公众查阅政策文件解读材料不仅能看,还能听,实现政策解读无障碍浏览。

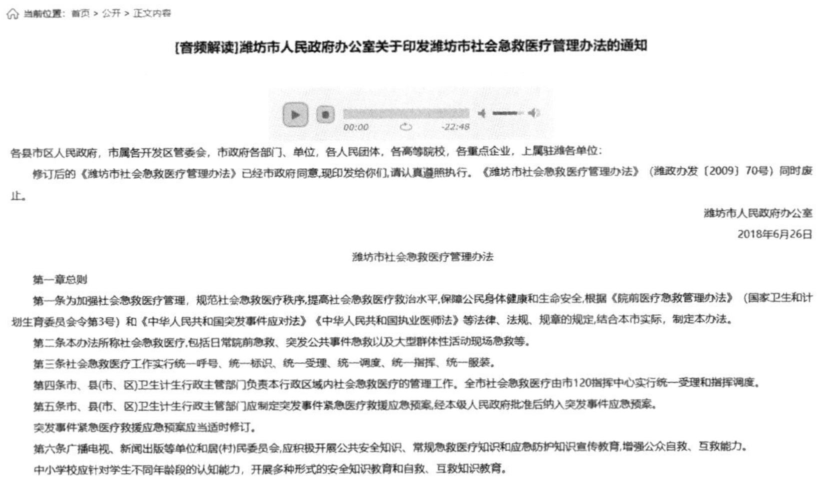

当前位置：首页 > 公开 > 正文内容

[音频解读]潍坊市人民政府办公室关于印发潍坊市社会急救医疗管理办法的通知

00:00 -22:48

各县市区人民政府，市属各开发区管委会，市政府各部门、单位，各人民团体，各高等院校，各重点企业，上属驻潍各单位：

修订后的《潍坊市社会急救医疗管理办法》已经市政府同意,现印发给你们,请认真遵照执行。《潍坊市社会急救医疗管理办法》（潍政办发〔2009〕70号）同时废止。

潍坊市人民政府办公室

2018年6月26日

潍坊市社会急救医疗管理办法

第一章总则

第一条为加强社会急救医疗管理，规范社会急救医疗秩序,提高社会急救医疗救治水平,保障公民身体健康和生命安全,根据《院前医疗急救管理办法》（国家卫生和计划生育委员会令第3号）和《中华人民共和国突发事件应对法》《中华人民共和国执业医师法》等法律、法规、规章的规定,结合本市实际，制定本办法。

第二条本办法所称社会急救医疗,包括日常院前急救、突发公共事件急救以及大型群体性活动现场急救等。

第三条社会急救医疗工作实行统一呼号、统一标识、统一受理、统一调度、统一指挥、统一服装。

第四条市、县(市、区)卫生计生行政主管部门负责本行政区域内社会急救医疗的管理工作。全市社会急救医疗由市120指挥中心实行统一受理和指挥调度。

第五条市、县(市、区)卫生计生行政主管部门应制定突发事件紧急医疗救援应急预案,经本级人民政府批准后纳入突发事件应急预案。

突发事件紧急医疗救援应急预案应当适时修订。

第六条广播电视、新闻出版等单位和居(村)民委员会,应积极开展公共安全知识、常规急救医疗知识和应急防护知识宣传教育,增强公众自救、互救能力。

中小学校应针对学生不同年龄段的认知能力，开展多种形式的安全知识教育和自救、互救知识教育。

图 24　潍坊市政府门户网站音频解读功能

（二）威海市充分利用网络融媒体开展政民互动交流

威海市在继续做好政务微博“微直播”“微访谈”互动的基础上，进一步加大了微博平台互动交流力度，将“微直播”“微访谈”覆盖范围从政府政策文件扩大到所有民生事项，互动方式从简单的政策解答，推开至网民实时提问，责任人实时回复，事后政务公开部门实时跟进。2018 年内，通过“威海发布”政务微博开展政策发布“微直播”72 次，邀请政府部门工作人员做客栏目开展“微访谈”活动 31 次，实现了网上政民互动交流零距离。

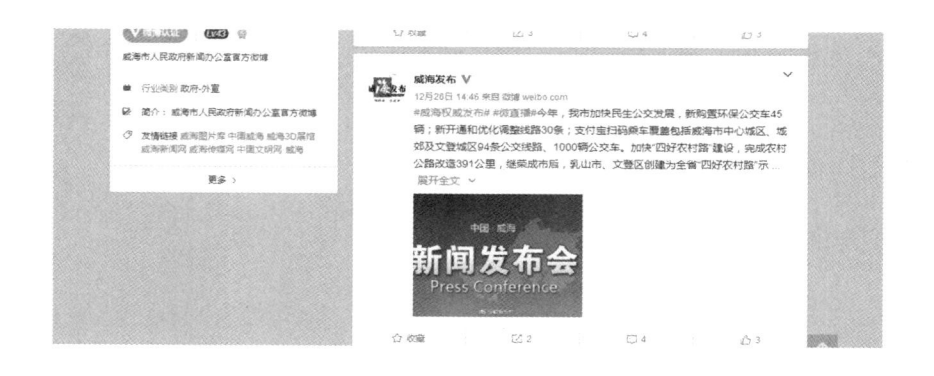

图 25　威海市政府政务微博

图 26　威海市政府政务微博"微访谈"

"威海发布"政务微信在开设"权威发布""印象威海"两大栏目的基础上，新设"问政威海"栏目，在着重展示威海城市形象，权威解读民生政策的同时，联通"有问有答"、"12345"政务服务热线、"领导信箱"三大热点信息反馈途径，实现了网上问政的便捷化、集中化。此外，还创新实现了"中国·威海"网站、"威海发布"政务微博和政务微信等三大网络平台互联互通,打通了政务公开传统平台和新平台链接渠道,兼顾了政府门户网站的信息权威性和新媒体信息传播的即时性,确保了相关政府信息的同步宣传,同步推送。

图27 威海市政府政务微信

(三) 日照市以公开助推营商环境优化

日照市坚持把政务公开作为推进"放管服""一次办好"改革的重要抓手,深入推进决策公开、执行公开、管理公开、服务公开和结果公开，以公开促作风转变，以公开促服务规范，以公开促效率提升，通过深化政务公开助推营商环境优化。

一是编制公开"一次办好"事项清单。坚持将"公开事项清单"作为深化"一次办好"和推进审批服务便民化的6项重点任务，编制、公开了日照市"一次办好"事项清单，纳入50个市直部门（单位）的"一次办好"事项1435项，其中，由行政权力事项拆分的"一次办好"事项1149项，由公共服务事项拆分的"一次办好"事项286项。清单通过政府网站、微信公众号等多种形式向社会公开，接受社会监督，并同步做好清单及相关知识的解读和宣传，确保公众了解"一次办好"，达到利企便民的目的。

二是集中公开各类清单。在各级政府门户网站和部门网站，集中公开行政许可事项目录清单、权力清单、责任清单、行政审批中介服务收费项目清单、随机抽查事项清单、行政处罚裁量基准清单、"双随机、一公开"清单、重大执法决定法制审核目录清单、行政执法主体资格清单等，将办事依据、裁量标准、办理时限等用清单形式规范和公开，让政务公开覆盖权力运行全流程和政务服务全过程，坚决杜绝权力寻租、暗箱操作和吃拿卡要、推诿扯皮等。通过推进"放管服"公开，营造规范有序的市场环境，为企业"松了绑"、为群众"解了绊"、为市场"腾了位"，努力用政府权力的"减法"换取市场活力的"加法"。

三是强化信用信息公开。充分发挥信用监管功能，建立信用联合奖惩机制，制定印发了《日照市公共信用信息归集和使用暂行管理办法》《关于建立信用联合奖惩机制推进"信用日照"建设的实施意见》《日照市信用"红黑名单"发布制度（试行）》等制度文件，及时发布、共享社会信用信息，初步形成了"守信畅通无阻、失信寸步难行"的社会信用体系。

四是大力推进服务事项网上办理。深入推进"互联网+政务服务"，加强网上政务服务平台建设，扩大政务服务事项网上办理范围，加快政务服务电子化和网络化，打通数据壁垒，变"群众跑腿"为"信息跑路"，变"企业四处找"为"部门协同办"。全力打造"一窗受理"政务服务新模式，深入推行"容缺受理+并联审批"，抓好政务服务流程再造，促进审批服务便民化，凡能网上办理的事项，不必现场办理；能网上共享的材料，不重复提交；能网上核验的信息，不重复提供。依托信息技术和制度创新，提高政务服务能力，最大限度便民利企。

五是推进政务热线行风在线融合发展。在完成全市 28 条政务热线整合基础上，推动政务热线行风在线并轨运行、融合发展、互通联动，实现一号受理、一线连通、一口督办，聚力打造群众办事"零距离"、企业服务"零障碍"群众诉求平台。在广播、电视、报纸开辟"直通 12345"专栏，对诉求办理情况进行跟踪报道，对办理不力的单位公开曝光，倒逼干部作风转变，促进热点问题解决。

（四）潍坊市坊子区围绕群众需求全方位提升政务公开体验

潍坊市坊子区围绕公众需求和重点民生事项，不断丰富公开载体，创新公开方式，持续增强政务公开便捷性、实用性，全方位提升政务公开群众体验。

一是探索政府信息"随手查"。通过政务微信、手机移动信息平台、自助服务终端等各类公开渠道，向公众提供行政许可事项和政务服务事项办理全流程查询。依托"V派""潍V"手机 APP 和"V派"便民服务一体机，向群众提供数字身份认证、浏览政务要闻、一键拨打 12345 热线等实用服务，实现政务公开与政务服务的深度融合。

图 28　潍坊市坊子区政务服务事项查询系统

二是实施服务事项"扫一扫"。将进驻区政务服务中心的642项审批服务事项，根据不同类别分解制作成27个"二维码"，通过电子显示屏在政务服务大厅集中展示，办事企业和群众通过扫描"二维码"，即可获得审批服务事项目录，查询到公开事项的办理依据、办理时限、所需材料等相关内容，实现一次性告知由口头告知、书面告知转向网络告知，助力"数据多跑路"。

三是推动政务公开"线下查"。针对不熟悉网络查询的群众，工作人员在政务服务大厅设立政务公开线下查阅场所，以7天为一个周期，定期、集约向公众投放政策文件、目录清单、服务指南等重要政府信息，政务公开"线上"和"线下"的结合，基本上满足了各类群众的政务公开需求。

（五）济南市历下区以"场景式"服务模式推动政务公开创新发展

济南市历下区始终坚持以人民为中心的发展理念，紧紧围绕全市"1+454"工作体系，提出用"场景式"服务模式推动政务公开创新发展的新思路。根据自然人生命历程和法人运行周期的特点，分析其生命周期各阶段应公开信息，通过系统化设计、整体化布局、模块化展示、项目化推进，统筹全区政务资源，建立"场景式"全过程公开服务模式，引导公众在不同的场景中高效获取所需信息和服务，提升了基层政务公开的针对性、实用性、精准性，极大方便了群众查阅信息、办理事项，为建设全省首善之区做出积极贡献。

自2008年5月《中华人民共和国政府信息公开条例》施行以来，各级政府落实政务公开工作有了较大的进展。但与此同时，制约政务公开进一步发展的一些瓶颈问题也逐渐显现：一是公开的指向性不强。公开时往往以"我想公开"为判断依据，而不是以"公众需求"为依据。二是公开的整体性不强。各单位依据职责分工各自为政，信息间相互独立，互不关联，没能形成工作合力。三是公开的标准不够统一。公开的事项、时限、依据、程序等缺乏明确的要求，各单位在公开时无据可依。四是公开的管理不够健全。政务公开流程不完善，从政务信息的产生到最终公开过程没有流程控制，不能及时纠正过程中的问题，对公开结果没有一个好的考核制度。

针对现状，历下区创造性提出政务公开"场景式"服务模式，以解决制约此项工作的瓶颈问题。一是系统化设计。以用户为中心，坚持服务导向、需求导向、问题导向，根据业务流程和信息资源，策划设计自然人和法人全生命周期服务场景，将自然人划分为出生、入学、就业、婚姻、生育、退休和后事七大场景，将法人划分为注册、变更、发展、纳税、注销五大场景，精准推送政务信息。二是整体化布局。以基层政务公开标准化规范化试点为引领，深入总结五大试点领域的经验做法，形成可复制、可推广、可考核的政务公开标准和规范。其他领域针对自然人和法人两大服务对象的政务公开工作同步展开、同步推进。三是模块化展示。根据职责分工，组织各单位编制各场景的公开事项，明确公开的依据、内容、主体、时限、方式、过程等内容，把每一个事项都建设成标准业务模块，在对应场景中分类展示。四是项目化推进。借鉴项目建设的运作模式，以公开单位为主体，明确机构、人员、资金，建立标准流程，实现全过程控制。健全考核制度，引入第三方评估机构，对各单位政务公开工作全面考核验收，发挥激励作用。

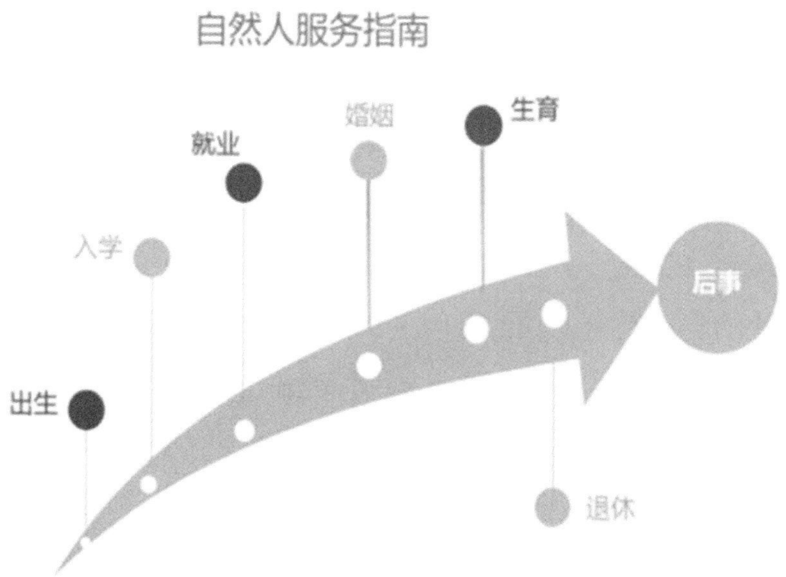

图29 济南市历下区"全生命周期"公开

历下区开展"场景式"政务公开服务模式一年来，无论政府层面还是经济社会层面，都产生了良好的效果。一是形成标准化规范化的政务公开工作体系。按照"应公开、尽公开"的要求，全面梳理政务公开事项，明确公开边界，通过细化每一事项的公开依据、内容、主体、时限、方式、过程、规范，形成公开模块，通过为每一事项建立标准流程，实现全过程控制。

确保能够及时准确地将涉及群众权利义务的行政行为和服务事项公开出来，让群众看得到、听得懂、易获取、能监督、好参与，进一步提升政务公开实效，不断推进阳光透明政府建设。二是创新了"场景式"政务公开服务模式。"场景式"服务是指从自然人和法人的需求出发，改变以往政府"被动公开"的模式，通过甄别其在不同阶段的不同需求，合理设置服务场景，精准推送相关联的政务信息和服务，为公众提供更加贴心的服务。三是以政务公开工作倒逼法治政府、诚信政府、服务政府建设。以公众的社会监督倒逼政府加快法治建设，推进社会治理的法治化、程序化和规范化，倒逼政府兑现承诺，言必行、诺必践，倒逼政府提高办事效率，提升治理体系、治理能力现代化水平。

第五章　深化政务公开工作的建议

一　转变思想观念，理顺政务公开体制机制建设

要切实转变思想观念，深刻认识政务公开工作在推进国家治理体系和治理能力现代化中的重要作用。紧紧围绕经济社会发展和人民群众关注关切，立足于服务，坚持问题导向、供给导向和群众需求导向，以实实在在的举措，提升公众的幸福感、获得感和满意度。各级各部门要高度重视政务公开工作，顺应机构改革，及时调整各级政务公开领导小组，充分发挥顶层设计和重大问题协调职能作用，形成全省上下贯通的领导体制和推进合力。政务公开不仅仅是公开负责机构的责任，要进一步理顺和加强政务公开工作的组织领导体制、协调机制、工作机制，整合政务公开方面的力量和资源，形成全省多级联动、齐抓共管、协

同推进的政务公开大格局。明确承担政务公开工作的机构,统一归口管理,协调好各部门的公开职责。加强任务牵头部门的统筹协同,避免出现因多头管理造成的对外公开不一致的现象。配齐配强政务公开专职工作人员,提升政务公开专职化、专业化水平,确保政务公开落到实处。

二 推进决策公开,增强公众参与针对性有效性

一是明确年度重大决策事项范围,根据重大行政决策程序相关规定,结合职责权限和本地实际,制定重大行政决策事项的年度目录,并向社会公布。二是加强预公开平台建设。各级政府在门户网站设置统一的意见征集等相关栏目,各部门充分利用统一平台发布本部门决策草案,广泛征求公众意见。进一步明确栏目定位,细化公开内容,区分征集状态或标注起止时间,给公众留下充裕科学的征集时间,以便提出较为成熟、完善的意见。设置相关意见反馈栏目,做好与意见征集栏目的关联,将采纳情况及未予采纳的理由详细进行反馈。三是增强公众参与实效。将政策解读关口前移,在决策草案征求阶段,充分发挥政府网站、政务新媒体等高效便捷的作用,草案发布后及时

宣传和充分解读，减轻公众在参与过程中的理解障碍，提升公众参与的针对性，提高公开的质量和效果，增强决策出台后的认可度和支持度。

三　统一公开目录，探索政务公开新形式新渠道

在工作中我们发现，随着政府工作的细化，制作的信息倍增，各级各部门对于哪些信息需要公开、如何公开无所适从，导致了公开时效性不强、深度不够、质量不高、内容不全等问题。各级各部门要在年内全面启动主动公开基本目录编制，并进行动态调整更新，提升政府信息主动公开标准化规范化水平，变"阶段性静态公开"为"常态化动态公开"。已经编制完成的各级政府部门，要根据机构改革情况及时更新或重新发布。

要进一步探索更加合理、更加便利的公开方式，如食品药品抽检结果、公共文化体育设施名录、职业教育学校名录、重点排污单位名录、安全生产执法检查信息等公开数据量较大的信息，可形成相关数据库，采用数据查询方式公开，可以方便公众从系统中找到需要的信息；对于政府会议公开、重大建设项目、"双随机、一公开"监管、公共企事业单位等涉及多领域、

多主体、多平台，并具有明显时间性、阶段性、整体性特征的信息，宜采用专题公开的方式；财政预决算、公开指南、年度报告等同时具有时间、发布主体、信息类别等多维度特征的信息，需要对信息进行分级、分类；对意见征集和结果反馈、政府会议和议定事项、随机抽查情况和查处结果、政策文件和解读材料等具有关联性和顺序性的政府信息，应做好信息的相互关联。

四 扩大解读范围，打通政策落地的"最后一公里"

进一步加强政策解读，扩大解读范围，落实解读主体，丰富解读形式，深化解读内容，完善解读流程。

明确和扩大解读范围，除各级政府或政府办公厅（室）以及各部门印发或联合印发的规范性文件外，对于涉及公民、法人和其他组织切身利益、重大公共利益、需广泛知晓影响市场预期的重要政策文件，尤其是涉及面广、社会关注度高、专业性强的政策法规，也应当及时进行解读，切实解决部分民生政策无解读、解读不及时、解读占比不高等问题。

强化解读主体责任，按照"谁起草、谁解读"的原则，切实做到政策性文件与解读方案、解读材料同步组织、同步审签、同步部署。部门主要负责人要履行好"第一解读人和责任人"的职责,履行好信息发布、权威定调、自觉把关等职责,带头解读政策,传递权威信息。

切实丰富解读形式,根据拟发布的政策文件和解读材料,会同业务部门制作便于公众理解和互联网传播的解读产品,从公众生产生活实际需求出发,对政策文件及解读材料进行梳理、分类、提炼、精简,重新归纳组织,通过数字化、图表图解、音频、视频、动漫等形式予以展现。

继续深化解读内容,解读政策时,着重解读政策措施的背景依据、目标任务、主要内容、涉及范围、执行标准,以及注意事项、关键词诠释、惠民利民举措、新旧政策差异等,使政策内涵透明,避免误解误读。

优化完善解读流程,延长解读链条,事前要加强分析研判和政策吹风;事中要做好政策精准解读和深度阐释,准确传递政策意图;事后要持续做好政策落地的跟踪报道和后续解读,对市场、社会关切事项做好详细回应,减少误解猜疑。

五 推广试点成果,带动全省政务公开整体提升

省级基层政务公开标准化规范化试点工作的推进

只是过程不是目的，下一步的试点成果的固化、推广和运用才是关键。进一步规范省级试点中 25 个重点领域政府信息公开的目录和流程，积极对接国家政务公开标准化规范化试点验收成果，结合我省各基层试点单位编制的目录、流程，进行宣传、优化和推广，形成一批可复制、可推广的山东标准。建立长效机制，继续创新探索，把验收后好的经验做法固化下来，转为常态化工作持续推进，让试点成果在更多政务领域推广运用，从而带动全省政务公开整体提升，真正增强公众对公开的获得感，为企业增活力、为群众添便利。

六　加强日常监测，优化政务公开考核评估机制

经过近 4 年的第三方评估工作，部分单位不同程度地出现了为迎评而公开的"应试"倾向、"突击式"发布信息等现象，有的为了取得好的评估结果，提前做好各种准备，甚至为了应付评估而做很多表面文章，其结果看上去很好，但与第三方评估的初衷是相悖的。

下一步需继续优化考核评估机制，立足于评估各级政府及相关部门的日常工作，强化日常监测与年终评估结合。建立日常监测机制，对于重大决策预公开、

政府信息公开工作年度报告、社会救助情况、空气环境和水环境质量、义务教育招生信息、政策解读、互动交流等时效性较强的事项，由第三方机构借助专业监测工具加强日常监测，实现对各级各部门政务公开工作情况全方位、实时、客观、公正的评估考核，保障信息发布和更新的时效性和准确性。

附录一　山东省政务公开发展水平研究报告(2018)评估对象

一　省政府部门（38家）

山东省发展改革委员会（包括原省物价局）

山东省教育厅

山东省科学技术厅

山东省工业和信息化厅（原山东省经济和信息化委员会）

山东省民族宗教事务委员会（原山东省民族事务委员会）

山东省公安厅

山东省民政厅

山东省司法厅（包括原山东省司法厅和山东省人民政府法制办公室）

山东省财政厅

山东省人力资源和社会保障厅

山东省自然资源厅（包括原山东省国土资源厅和原山东省林业厅）

山东省生态环境厅（原山东省环境保护厅）

山东省住房和城乡建设厅

山东省交通运输厅

山东省水利厅

山东省农业农村厅（原山东省农业厅）

山东省商务厅

山东省文化和旅游厅（包括原山东省文化厅和山东省旅游发展委员会）

山东省卫生健康委员会（原山东省卫生和计划生育委员会）

山东省应急管理厅（原山东省安全生产监督管理局）

山东省审计厅

山东省人民政府外事办公室（原山东省人民政府外事侨务办公室）

山东省人民政府国有资产监督管理委员会

山东省市场监管局（包括原山东省工商行政管理局、原山东省质量技术监督局和原山东省食品药品监督管理局）

山东省广播电视局（原山东省新闻出版广电局）

山东省体育局

山东省统计局

山东省机关事务管理局

山东省人民防空办公室

山东省地方金融监督管理局（原山东省金融工作办公室）

山东省粮食和物资储备局（原山东省粮食局）

山东省监狱管理局

山东省海洋局（原山东省海洋与渔业厅）

山东省畜牧兽医局

二　市级政府（17家）

济南市

青岛市

淄博市

枣庄市

东营市

烟台市

潍坊市

济宁市

泰安市

威海市

日照市

滨州市

德州市

聊城市

临沂市

菏泽市

原莱芜市

三 县级政府（137家）

济南市历下区

济南市市中区

济南市槐荫区

济南市天桥区

济南市历城区

济南市长清区

济南市章丘区

济南市济阳区

济南市平阴县

济南市商河县

青岛市市南区

青岛市市北区

青岛市李沧区

青岛市崂山区

青岛市西海岸新区

青岛市城阳区

青岛市即墨区

青岛市胶州市

青岛市平度市

青岛市莱西市

淄博市淄川区

淄博市张店区

淄博市博山区

淄博市临淄区

淄博市周村区

淄博市桓台县

淄博市高青县

淄博市沂源县

枣庄市市中区

枣庄市薛城区

枣庄市峄城区

枣庄市台儿庄区

枣庄市山亭区

枣庄市滕州市

东营市东营区

东营市河口区

东营市垦利区

东营市利津县

东营市广饶县

烟台市芝罘区

烟台市福山区

烟台市牟平区

烟台市莱山区

烟台市龙口市

烟台市莱阳市

烟台市莱州市

烟台市蓬莱市

烟台市招远市

烟台市栖霞市

烟台市海阳市

烟台市长岛县

潍坊市潍城区

潍坊市寒亭区

潍坊市坊子区

潍坊市奎文区

潍坊市青州市

潍坊市诸城市

潍坊市寿光市

潍坊市安丘市

潍坊市高密市
潍坊市昌邑市
潍坊市临朐县
潍坊市昌乐县
济宁市任城区
济宁市兖州区
济宁市曲阜市
济宁市邹城市
济宁市微山县
济宁市鱼台县
济宁市金乡县
济宁市嘉祥县
济宁市汶上县
济宁市泗水县
济宁市梁山县
泰安市泰山区
泰安市岱岳区
泰安市新泰市
泰安市肥城市
泰安市宁阳县
泰安市东平县
威海市环翠区
威海市文登区

威海市荣成市

威海市乳山市

日照市东港区

日照市岚山区

日照市五莲县

日照市莒县

临沂市兰山区

临沂市罗庄区

临沂市河东区

临沂市沂南县

临沂市郯城县

临沂市沂水县

临沂市兰陵县

临沂市费县

临沂市平邑县

临沂市莒南县

临沂市蒙阴县

临沂市临沭县

德州市德城区

德州市陵城区

德州市乐陵市

德州市禹城市

德州市宁津县

德州市庆云县

德州市临邑县

德州市齐河县

德州市平原县

德州市夏津县

德州市武城县

聊城市东昌府区

聊城市临清市

聊城市阳谷县

聊城市莘县

聊城市茌平县

聊城市东阿县

聊城市冠县

聊城市高唐县

滨州市滨城区

滨州市沾化区

滨州市惠民县

滨州市阳信县

滨州市无棣县

滨州市博兴县

滨州市邹平市

菏泽市牡丹区

菏泽市定陶区

菏泽市曹县
菏泽市单县
菏泽市成武县
菏泽市巨野县
菏泽市郓城县
菏泽市鄄城县
菏泽市东明县
原莱芜市莱城区
原莱芜市钢城区

附录二　山东省政务公开发展水平研究报告（2018）指标体系

一　省政府部门评估指标

（一）行政权力运行公开

二级指标	三级指标	四级指标	评估对象
决策公开	重大决策预公开	决策意见征集	所有部门
		结果反馈情况	所有部门
	会议公开	是否公开部门办公会会议议题	所有部门
		邀请利益相关方列席情况	所有部门
		是否公开议定事项并解读	所有部门
	建议提案办理结果	栏目建设	所有部门
		办理结果复文和办理总体情况公开	所有部门
执行和落实情况公开	国家、省政府重大决策及政策部署以及政府工作报告、发展规划、改革任务或民生实事项目、政府决定事项	执行过程公开	所有部门
		落实情况公开	所有部门
	审计结果	本级预算执行审计报告和其他财政收支情况	省审计厅
		审计发现问题的整改结果	所有部门

（二）重点领域信息公开

二级指标	三级指标	四级指标	评估对象
"放管服"改革	权责清单	是否公开本部门行政权力清单	除省外办、省国资委、省监狱局外
		是否公开本部门责任清单	
		是否及时调整更新	
	规范性文件清理	是否公布规范性文件清理结果	所有部门
		政策性文件废止、失效等标注	所有部门
	"双随机、一公开"监管	随机抽查事项清单	除省审计厅、省外办、省国资委、省监狱局外
		是否公开抽取情况和抽查结果	
	信用信息"双公示"	专栏设置	除省外办、省国资委、省法制办、省监狱局外
		"双公示"目录	
		行政许可、行政处罚信息公示	
	减税降费	行政事业性收费目录	省财政厅
		政府定价或指导价经营服务性收费清单	省发展改革委
		政府性基金目录	省财政厅
	政务服务	服务入口	除省审计厅、省监狱局、省国资委外
		网上办事大厅服务事项清单	
		服务事项的办事指南	
		政务服务事项办理结果是否按要求公示	

续表

二级指标	三级指标	四级指标	评估对象
财政信息	财政预决算	专栏设置	所有部门
		预决算说明	所有部门
		预决算表格	所有部门
		"三公"经费预决算	所有部门
		财政收支信息	省财政厅
	政府债务领域信息		
重大建设项目批准和实施领域	项目批准信息	批准服务信息	省发展改革委、省工业和信息化厅、省住房和城乡建设厅、省自然资源厅、省海洋局、省生态环境厅、省交通运输厅、省水利厅
		批准结果信息	
	项目实施信息	招标投标信息	省财政厅、省发展改革委、省工业和信息化厅、省住房和城乡建设厅、省自然资源厅、省生态环境厅、省水利厅
		征收土地信息	省自然资源厅

续表

二级指标	三级指标	四级指标	评估对象
重大建设项目批准和实施领域	项目实施信息	重大设计变更信息	省发展改革委、省工业和信息化厅、省住房和城乡建设厅、省自然资源厅、省生态环境厅、省水利厅
		施工有关信息	省工业和信息化厅、省住房和城乡建设厅、省水利厅、省交通运输厅
		质量安全监督信息	
		竣工有关信息	省工业和信息化厅、省住房和城乡建设厅、省水利厅、省交通运输厅、省审计厅、省财政厅
公共资源配置领域	住房保障领域	项目建设信息	省住房和城乡建设厅、省财政厅、省扶贫办、省民政厅
		住房分配信息	
		住房公积金年度报告	

续表

二级指标	三级指标	四级指标	评估对象
公共资源配置领域	国有土地使用权和矿业权出让领域	国有土地使用权出让领域	省自然资源厅、省发展改革委
		矿业权出让领域	
	政府采购领域	采购项目信息	省财政厅、省发展改革委、省卫生健康委
		监督处罚信息	
	国有产权交易领域		省国资委、省发展改革委、省财政厅
	工程建设项目招标投标领域		省发展改革委、省财政厅、省住房和城乡建设厅、省生态环境厅、省交通运输厅、省水利厅、省农业农村厅
社会公益事业建设领域	社会救助和社会福利	相关政策、发放范围、发放标准、申请审批程序	省民政厅
		社会救助人数、标准及资金支出、社会福利补贴发放情况等基本数据	
	教育	公开并解读教育相关政策措施	省教育厅
		高等教育信息公开	
		教育经费使用情况	
	基本医疗卫生	医疗机构院务公开	省卫生健康委
		改善医疗服务行动计划落实情况	
		疫情发布	

续表

二级指标	三级指标	四级指标	评估对象
社会公益事业建设领域	公共文化体育	基本信息	原省文化厅、省体育局、省民政厅
		公共文化体育名录信息	
		相关活动信息	
	食品药品安全	备案信息	原省食品药品监管局
		监督抽检信息	
		产品召回信息	
	环境保护	建设项目影响评价	省生态环境厅
		水环境、空气质量	
		重点排污单位	
		重污染天气预警信息	
		"河长制""湖长制"工作信息	省水利厅
	灾害事故救援	工作情况及动态信息	省自然资源厅、省水利厅、省卫生健康委、省民政厅、省应急管理厅
		救助款物和捐赠款物等救援信息	
公共监管信息	国资国企信息	省管企业信息披露	省国资委、省财政厅
		省属国企监管信息	省国资委
	安全生产信息	安全事故预警	省应急管理厅
		安全生产监管信息	
		建筑市场监管信息	省住房和城乡建设厅

（三）依申请公开

二级指标	三级指标	四级指标	评估对象
渠道畅通性	提交申请	在线渠道畅通性	所有部门
		信函渠道畅通性	
依法答复	在线渠道	答复时限	
		形式规范性	
		内容规范性	
	信函渠道	答复时限	
		形式规范性	
		内容规范性	

（四）政策解读与回应关切

二级指标	三级指标	四级指标	评估对象
政策解读	解读文件	解读文件发布	所有部门
		政策文件与解读材料关联性	
	解读情况	解读形式	
		解读方式	
回应关切	政务舆情回应	回应形式	
		回应内容	
	政民互动	平台建设	
		互动开展情况	

（五）政务公开保障机制

二级指标	三级指标	四级指标	评估对象
平台建设	政府网站	政府网站建设管理	所有部门
		站内检索便利性	所有部门
	政务新媒体	政务微博或微信建设管理情况	所有部门
基础建设	公开目录及指南	政府信息公开目录	所有部门
		政府信息公开指南	所有部门
	2017年政府信息公开工作年度报告	可获取性	所有部门
		发布时效	所有部门
		内容全面性	所有部门
	公共企事业单位信息公开	公开目录	省教育厅、省生态环境厅、原省文化厅、原省旅游发展委、省卫生健康委、省住房和城乡建设厅、省交通运输厅、省人力资源和社会保障厅、省民政厅
		公开内容	省教育厅、省生态环境厅、原省文化厅、原省旅游发展委、省卫生健康委、省住房和城乡建设厅、省交通运输厅、省人力资源和社会保障厅、省民政厅
组织管理	业务培训	培训计划	所有部门
		培训开展情况	所有部门
	考核监督	纳入考核情况	所有部门
	工作推进	2018年度政务公开工作实施方案或工作安排	所有部门

二　市级政府评估指标

（一）行政权力运行公开

二级指标	三级指标	四级指标
决策公开	重大决策预公开	重大决策事项目录
		决策意见征集
		结果反馈情况
	会议公开	是否公开政府常务会会议议题
		邀请利益相关方列席情况
		是否公开议定事项并解读
	建议提案办理结果	栏目建设
		办理结果复文和办理总体情况公开
执行和落实情况公开	国家、省政府重大决策及政策部署以及政府工作报告、发展规划、改革任务或民生实事项目、政府决定事项	执行过程公开
		落实情况公开
	审计结果	本级预算执行审计报告和其他财政收支情况
		审计发现问题的整改结果

（二）重点领域信息公开

二级指标	三级指标	四级指标
"放管服"改革	权责清单	是否公开本级政府及部门行政权力清单
		是否公开本级政府及部门责任清单
		是否及时调整更新
	规范性文件清理	是否公布规范性文件清理结果
		政策性文件废止、失效等标注
	"双随机、一公开"监管	随机抽查事项清单
		是否公开抽取情况和抽查结果
	信用信息"双公示"	专栏设置
		"双公示"目录
		行政许可、行政处罚信息公示
	减税降费	行政事业性收费目录
		政府定价或指导价经营服务性收费清单
		政府性基金目录
	政务服务	服务入口
		网上办事大厅服务事项清单
		服务事项的办事指南
		政务服务事项办理结果是否按要求公示
财政信息	财政预决算	专栏设置
		预决算说明
		预决算表格
		"三公"经费预决算
		财政收支信息
	政府债务领域信息	

续表

二级指标	三级指标	四级指标
重大建设项目批准和实施领域	项目批准信息	批准服务信息
		批准结果信息
	项目实施信息	招标投标信息
		征收土地信息
		重大设计变更信息
		施工有关信息
		质量安全监督信息
		竣工有关信息
公共资源配置领域	住房保障领域	项目建设信息
		住房分配信息
		住房公积金年度报告
	国有土地使用权和矿业权出让领域	国有土地使用权出让领域
		矿业权出让领域
	政府采购领域	采购项目信息
		监督处罚信息
	国有产权交易领域	
	工程建设项目招标投标领域	

续表

二级指标	三级指标	四级指标
社会公益事业建设领域	脱贫攻坚	扶贫资金分配情况
		扶贫项目安排和实施
	社会救助和社会福利	相关政策、发放范围、发放标准、申请审批程序
		社会救助人数、标准及资金支出、社会福利补贴发放情况等基本数据
	教育	公开并解读教育相关政策措施
		职业教育信息公开
		民办学校信息公开
	基本医疗卫生	医疗机构院务公开
		改善医疗服务行动计划落实情况
		公共突发事件报告
	公共文化体育	基本信息
		公共文化体育名录信息
		相关活动信息
	食品药品安全	备案信息
		监督抽检信息
	环境保护	建设项目影响评价
		水环境、空气质量
		重点排污单位
		重污染天气预警信息
		"河长制""湖长制"工作信息
	灾害事故救援	工作情况及动态信息
		救助款物和捐赠款物等救援信息
公共监管信息	国资国企信息	市管企业信息披露
		市属国企监管信息
	安全生产信息	安全事故预警
		安全生产监管信息
		建筑市场监管信息

（三）依申请公开

二级指标	三级指标	四级指标
渠道畅通性	提交申请	在线渠道畅通性
		信函渠道畅通性
依法答复	在线渠道	答复时限
		形式规范性
		内容规范性
	信函渠道	答复时限
		形式规范性
		内容规范性

（四）政策解读与回应关切

二级指标	三级指标	四级指标
政策解读	解读文件	解读文件发布
		政策文件与解读材料关联性
	解读情况	解读形式
		解读方式
回应关切	政务舆情回应	回应形式
		回应内容
	政民互动	平台建设
		互动开展情况

（五）政务公开保障机制

二级指标	三级指标	四级指标
平台建设	政府网站	政府网站建设管理
		站内检索便利性
	政务新媒体	政务微博建设管理情况
		政务微信建设管理情况
		客户端建设管理情况
	政府公报	本年度政府公报
		历年政府公报数字化
基础建设	公开目录及指南	政府信息公开目录
		政府信息公开指南
	2017年政府信息公开工作年度报告	可获取性
		发布时效
		内容全面性
	公共企事业单位信息公开	公开目录
		公开内容
组织管理	业务培训	培训计划
		培训开展情况
	考核监督	纳入考核情况
	工作推进	2018年度政务公开工作实施方案或工作安排

三 县级政府评估指标

（一）行政权力运行公开

二级指标	三级指标	四级指标
决策公开	重大决策预公开	重大决策事项目录
		决策意见征集
		结果反馈情况
	会议公开	是否公开政府常务会会议议题
		邀请利益相关方列席情况
		是否公开议定事项并解读
	建议提案办理结果	栏目建设
		办理结果复文和办理总体情况公开
执行和落实情况公开	国家、省政府重大决策及政策部署以及政府工作报告、发展规划、改革任务或民生实事项目、政府决定事项	执行过程公开
		落实情况公开
	审计结果	本级预算执行审计报告和其他财政收支情况
		审计发现问题的整改结果

（二）重点领域信息公开

二级指标	三级指标	四级指标
"放管服"改革	权责清单	是否公开本级政府及部门行政权力清单
		是否公开本级政府及部门责任清单
		是否及时调整更新
	规范性文件清理	是否公布规范性文件清理结果
		政策性文件废止、失效等标注
	"双随机、一公开"监管	随机抽查事项清单
		是否公开抽取情况和抽查结果
	信用信息"双公示"	专栏设置
		"双公示"目录
		行政许可、行政处罚信息公示
	减税降费	行政事业性收费目录
		政府定价或指导价经营服务性收费清单
		政府性基金目录
	政务服务	服务入口
		网上办事大厅服务事项清单
		服务事项的办事指南
		政务服务事项办理结果是否按要求公示
财政信息	财政预决算	专栏设置
		预决算说明
		预决算表格
		"三公"经费预决算
		财政收支信息
	政府债务领域信息	

续表

二级指标	三级指标	四级指标
重大建设项目批准和实施领域	项目批准信息	批准服务信息
		批准结果信息
	项目实施信息	招标投标信息
		征收土地信息
		重大设计变更信息
		施工有关信息
		质量安全监督信息
		竣工有关信息
公共资源配置领域	住房保障领域	项目建设信息
		住房分配信息
	国有土地使用权和矿业权出让领域	国有土地使用权出让领域
		矿业权出让领域
	政府采购领域	采购项目信息
		监督处罚信息
	国有产权交易领域	
	工程建设项目招标投标领域	

续表

二级指标	三级指标	四级指标
社会公益事业建设领域	脱贫攻坚	扶贫资金分配情况
		扶贫项目安排和实施
	社会救助和社会福利	相关政策、发放范围、发放标准、申请审批程序
		社会救助人数、标准及资金支出、社会福利补贴发放情况等基本数据
	教育	公开并解读教育相关政策措施
		职业教育信息公开
		民办学校信息公开
	基本医疗卫生	医疗机构院务公开
		改善医疗服务行动计划落实情况
	公共文化体育	基本信息
		公共文化体育名录信息
		相关活动信息
	食品药品安全	监督抽检信息
	环境保护	建设项目影响评价
		水环境、空气质量
		重点排污单位
		重污染天气预警信息
		"河长制""湖长制"工作信息
	灾害事故救援	工作情况及动态信息
		救助款物和捐赠款物等救援信息
公共监管信息	国资国企信息	县管企业信息披露
		县属国企监管信息
	安全生产信息	安全事故预警
		安全生产监管信息
		建筑市场监管信息

（三）依申请公开

二级指标	三级指标	四级指标
渠道畅通性	提交申请	在线渠道畅通性
		信函渠道畅通性
依法答复	在线渠道	答复时限
		形式规范性
		内容规范性
	信函渠道	答复时限
		形式规范性
		内容规范性

（四）政策解读与回应关切

二级指标	三级指标	四级指标
政策解读	解读文件	解读文件发布
		政策文件与解读材料关联性
	解读情况	解读形式
		解读方式
回应关切	政务舆情回应	回应形式
		回应内容
	政民互动	平台建设
		互动开展情况

（五）政务公开保障机制

二级指标	三级指标	四级指标
平台建设	政府网站	政府网站建设管理
		站内检索便利性
	政务新媒体	政务微博建设管理情况
		政务微信建设管理情况
	政府公报	本年度政府公报
		历年政府公报数字化
基础建设	公开目录及指南	政府信息公开目录
		政府信息公开指南
	2017年政府信息公开工作年度报告	可获取性
		发布时效
		内容全面性
	公共企事业单位信息公开	公开目录
		公开内容
组织管理	业务培训	培训计划
		培训开展情况
	工作推进	2018年度政务公开工作实施方案或工作安排

参考文献

[1] 田禾、吕艳滨主编：《中国政府透明度（2018）》，中国社会科学出版社 2018 年版。

[2] 李林、田禾主编：《中国法治发展报告 No.16（2018）》，社会科学文献出版社 2018 年版。

[3] 李刚、周鸣乐、戚元华：《政府网站建设与绩效评估：以山东省为例》，中国社会科学出版社 2019 年版。

[4] 覃莹：《浅谈行政决策中的公众参与》，《中共郑州市委党校学报》2017 年第 3 期。

后　　记

"谣言止于公开，互信缘于透明"，公开透明是法治政府的基本特征。政务公开是建设法治政府的一项重要制度，是新时代党中央、国务院提升国家治理能力，发展社会主义民主政治，保障人民群众知情权、参与权、表达权和监督权的重要决策部署。山东省委、省政府高度重视政务公开工作，把政务公开作为推进依法治省重要举措，纳入全省各市经济社会发展综合考核和省直机关绩效考核体系。在中国政法大学法治政府研究院发布的《中国法治政府评估报告》、中国社会科学院法学研究所发布的《中国政府透明度指数报告》、深圳市马洪经济研究发展基金会"中国政府政务公开金秤砣奖评议"以及上海财经大学发布的《中国财政透明度报告》等评估结果中，山东省近几年也是一直名列前茅。

古人云："兼听则明，偏信则暗。"近年来，"第三方评估"成为了社会热议、公众关注的话题,在一些公共事务、公共政策的施行过程和结果评价方面引入"第三方评估"逐渐发展成为政府工作的常规机制。自 2013 年开始,"第三方评估"接连成为国务院常务会的议题,李克强总理也多次听取了第三方评估结果的汇报。新修订的《中华人民共和国政府信息公开条例》中提出"各级人民政府应当建立健全政府信息公开工作考核制度、社会评议制度和责任追究制度,定期对政府信息公开工作进行考核、评议。"《关于全面推进政务公开工作的意见》(中办发〔2016〕8 号)也强调了"鼓励支持第三方机构对政务公开质量和效果进行独立公正的评估。"国务院办公厅自 2015 年开始,在每年的政务(政府信息)公开工作要点中也均明确要求组织开展第三方评估。

山东省计算中心(国家超级计算济南中心)评估工作组自 2015 年开始,连续四年先后五次开展了全省的政务公开第三方评估工作。基于评估工作组的政策研究基础和评估工作经验,紧密结合国家和山东省政务公开工作要求,兼顾评估对象的职能特点,科学、合理地制定了一套评估指标体系。每次评估工作开始前,都会召开全省范围的培训会,对指标体系进行宣贯。自 2016 年开始,为解决省政府部门职能和工作要求差异化问题,评估指标首次引入了"共性指标"和

"专项指标",进一步提升了评估工作的科学性、合理性和公平性。每年的评估数据采集工作,采用主观与客观相结合、人工评价与计算机评价相结合的手段,通过专家分组打分、信息化工具打分、模拟暗访验证等方式,对各级各部门的政府网站、"两微一端"、政府公报等平台进行数据采集。之后,按照严格的标准对采集的多组数据质量进行核查、校正。

经过连续四年的第三方评估工作,我们深切感受到山东省政务公开工作的明显进步。根据山东省政府发布的政府信息公开工作年度报告统计数据显示,全省政府信息公开数量从2015年的239万余条增加到了320万余条,信息发布数量和质量逐年递增。2018年第三方评估结果也显示省政府部门平均得分87.0127分,市级政府平均得分92.7812分,县级政府平均得分86.9366分,并且82.35%的市级政府和40.88%的县级政府总分超过了90分。在评估工作的引导下,全省政务公开工作已经迈上了新的台阶。

2018年是《中华人民共和国政府信息公开条例》实施的第十年,《山东省政府信息公开办法》实施的第八年。值此之际,评估工作组推出了第一卷《山东省政务公开发展水平研究报告(2018)》。在此,向所有参与和支持《山东省政务公开发展水平研究报告(2018)》的同志致以诚挚的感谢!今后,评估工作组将继续坚持不断研究、思考、总结，为山东省政务公开的发展贡献一份微薄的力量。衷心欢迎各界朋友对本报告提出宝贵的意见和建议，以便进一步做好政务公开发展水平研究工作，不断推进山东省政务公开工作！

作　者
2019 年 5 月于济南